Kurt Tepperwein

Finde den Weg zu deiner inneren Mitte

Kurt Tepperwein

Finde den Weg zu deiner inneren Mitte

Die Praxis der wahren Meditation

mvgverlag

Bibliografische Information der Deutschen Nationalbibliothek:
Die Deutsche Nationalbibliothek verzeichnet diese Publikation in der Deutschen Nationalbibliografie; detaillierte bibliografische Daten sind im Internet über http://d-nb.de abrufbar.

Für Fragen und Anregungen:
info@mvg-verlag.de

1. Auflage 2021

Türkenstraße 89
80799 München
Tel.: 089 651285-0
Fax: 089 652096

Redaktion: Sabine Zürn
Umschlaggestaltung: Manuela Amode
Umschlagabbildung: Shutterstock.com/Ase
Satz: Christiane Schuster | www.kapazunder.de
Druck: CPI books GmbH, Leck
Printed in Germany

ISBN Print 978-3-7474-0347-1
ISBN E-Book (PDF) 978-3-96121-721-2
ISBN E-Book (EPUB) 978-3-96121-722-9

Wir produzieren nachhaltig
www.m-vg.de

Weitere Informationen zum Verlag finden Sie unter
www.mvg-verlag.de
Beachten Sie auch unsere weiteren Verlage unter www.muenchner-verlagsgruppe.de

Inhalt

Wahre Meditation ist diszipliniert, nie langweilig, sprüht vor Ideen, ist intuitiv und freudvoll. Sie verliert nie die Neugier, erfüllt den Moment und vergeudet keinen Atemzug mit unnötigen Handlungen. Sie ist inspirierend, kraftvoll und gefühlvoll. Sie ist rücksichtsvoll und geduldig. Sie trägt jede Menge Einfühlungsvermögen in sich und verliert in keiner Situation an Lebensfreude. Sie duldet und respektiert, ist voller Achtung und Akzeptanz. Es ist unsere Bestimmung, den Ausgangspunkt der wahren Meditation zu finden.

Ich bin ein Meditationsbuch

Ich gehöre ____________________________ .

Ich führe dich in die Achtsamkeit und begleite dich dabei, in dir selbst anzukommen, still zu werden, dich zu besinnen, dich loszulösen und zu entspannen. Schließ für eine Minute die Augen, ganz ohne Erwartungen. *Dann bist du bereits mitten in der wahren Meditation.*

Meine bisherigen Erfahrungen mit Meditation:

1. Einleitung – Etwas Training kann nicht schaden

In diesem Buch wollen wir gemeinsam üben, auch wenn wahre Meditation (unser eigentliches Sein) eigentlich keiner Übung bedarf. Wir wollen uns unserem wahren Sein annähern und uns nach und nach von hartnäckigen Gedankenmustern lösen. Man könnte es auch als ein Herantasten zu uns selbst, unserem wahren Selbst, bezeichnen.

Selbstfindung ist eine schöne Aufgabe, die gegen nichts ankämpft und alles zulässt, was sich gut und richtig anfühlt. Wir wollen ein unbefangenes und wertfreies Verhalten voller Akzeptanz wiederbeleben. Wir ziehen alle Register, bleiben standhaft und diszipliniert. Wir gehen das Ganze mit Humor an und vergessen nie, dass wir Menschen sind. Menschen, die Menschen sein dürfen, aber auch die Verpflichtung haben, über sich hinauszuwachsen.

Wir müssen nichts suchen, denn es ist bereits alles vorhanden. Wären wir nicht so sehr auf unsere Persönlichkeit fokussiert, könnten wir das auch erkennen. Mit dem Menschen, den wir beim Blick in den Spiegel sehen, machen wir uns nun auf den Weg – zu unserem Selbst.

»Die Botschaft des Herzens achtsam wahrzunehmen, bedeutet ein Leben in Erfüllung. Um die Botschaft zu hören und zu verstehen, braucht es Einkehr und Stille. Dann werden sich unsere Aufgaben mühelos umsetzen lassen. Alles geschieht wie von selbst, wenn wir die Führung unseres Lebens unserem Herzen übergeben.«

Dein Kurt Tepperwein

2. Wir alle sehnen uns nach einer besseren Lebensqualität

Innehalten – was bedeutet das? Wahre Meditation ist keine aktive, bewusste Handlung, sondern eine Geisteshaltung unpersönlicher Natur. Es ist ein Zustand, aus dem heraus Leben geschieht. Man lässt dem Leben seinen Lauf, ohne es beeinflussen oder manipulieren zu wollen. Dies bedeutet nicht, dass man nichts mehr tut, sondern dass Handlungen vom Herzen und nicht vom Verstand gelenkt werden.

Der Gedanke, dass Meditation einer Übung gleicht, trennt uns vom Ganzen. Wir erfahren uns als isolierte Individuen, abgespalten von der All-Einheit, der Einheit des Alls. Wahre Meditation ist Einheit. In jedem Augenblick erfahren wir uns als Teil der Gesamtheit. Wir fühlen die Verbundenheit mit anderen Menschen und den Dingen, die uns umgeben, weil wir uns als Geist erleben und nicht nur als Körper.

Wenn wir uns nur auf den Körper reduzieren, erzeugt die Anwesenheit von anderen Körpern und dem, was unser Körper sieht, eine Trennung vom Rest der Welt. Als Individuum erleben wir die Welt so, als ob wir ihr Mittelpunkt wären. Und genauso verhalten wir uns auch. Und dieses Verhalten schwächt uns und erzeugt Probleme und Krisen, in denen wir feststecken. Eine

Krise hat immer mit dem Ego zu tun und mit nichts anderem.

Wenn wir uns als Einheit, die weit über das Wir-Denken hinausgeht, erfahren, sind wir unserem inneren Kern nahe. Es wird still. In dieser Stille geht es nicht darum, Gedanken zu verscheuchen, nicht mehr zu sprechen oder Geräusche zu vertreiben, sondern voll und ganz auf sein Selbst ausgerichtet zu sein. Die ganze Aufmerksamkeit kehrt sich nach innen. Sie weitet sich aus. In dieser Haltung entgeht der Aufmerksamkeit nichts, da sie sich auf nichts Spezifisches richtet, sondern aus dem Hier und Jetzt heraus alles gleichzeitig wahrnimmt und erfährt. Sie unterscheidet nicht zwischen gut und schlecht, sondern empfindet alles als gegenwärtig. Dieser Bewusstseinszustand birgt die absolute Akzeptanz von allem, was ist und geschieht.

Es ist nicht so, dass sich ein tiefes Wissen einstellt – wir werden zu diesem Wissen. Damit meine ich die tiefe innere Überzeugung, dass alles seine Richtigkeit hat, weil alles, was kommt und geht, wie eine Wolke an uns vorüberzieht. Wer die Vergänglichkeit bewusst und als etwas Normales und Heilsames erlebt, dem wird unglaubliches Vertrauen und volle Zufriedenheit zuteil. Das Leben wird zur Freude. Das ist die Bedeutung von wahrer Meditation.

Meditation, die man sich als willentlichen Akt vornimmt, ist nur eine Beruhigung des Systems. Eine wunderbare Sache, die der Entspannung dient, und der wir uns in diesem Buch ebenfalls widmen werden. Aber wir wollen noch etwas genauer hinsehen, um zu erkennen, dass es eine weitere, natürliche Form der Meditation gibt, die uns angeboren ist.

Wir alle möchten Spannungen abbauen, wofür Meditationsübungen sich sehr gut eignen. Sie sind aber nicht die Krönung, sondern nur ein Weg. Sie begleiten uns auf unserem Weg zurück zu uns selbst. Selbsterkenntnis ist das Ergebnis eines langen Prozesses, der viel Geduld und Zeit in Anspruch nimmt. Die wahre Meditation ist unser eigentlicher Zustand, fällt aber nicht einfach vom Himmel, um uns zu beglücken. Wie heißt es so schön: Der Weg ist das Ziel – und da wir eigentlich schon am Ziel angekommen sind, ist es hilfreich, so oft wie möglich abzuschalten und sich vom Lärm und Trubel der Zeit zu erholen.

Meditation wird meist ausschließlich als »Technik« bzw. »Methode« verstanden. Wer aber um die wahre Bedeutung des Wortes weiß, sieht das anders. Milliarden von Lebewesen fühlen und denken gleich, auch wenn sie sich optisch voneinander unterscheiden. In der Ursprünglichkeit sind wir alle gleich. Doch unsere facettenreichen Gedankenwelten und Wahrnehmungen unterscheiden uns. Jeder Mensch erlebt die Welt aufgrund seiner unterschiedlichen Voraussetzungen, wie Herkunft, Erfahrungen, Erinnerungen, Lebenshaltung, Familie, Religion, Hautfarbe und Sprache, auf seine ganz persönliche Weise.

Schön, dass ich dich ein Stück weit begleiten darf, um dir zu zeigen, dass es sich lohnt, das Leben zur Meditation zu küren. Lass uns in ein Bewusstsein eintauchen, in dem Menschen sich nicht voneinander unterscheiden und die Akzeptanz aller Lebewesen im Gleichklang schwingt. Meditation ist Innenschau und »Rundumschau« in einem. Komm mit mir, um einen Raum in dir zu entdecken, der still und gelassen ist. Und zwar in jedem Moment, ohne Wenn und Aber.

Der Augenblick wird zur Fülle, wenn du sagen kannst: »Ich will nichts mehr loswerden, nichts ändern, nichts haben oder erreichen, sondern mir selbst genügen.« Ein erfülltes Leben besteht nicht aus materiellen Gütern, sondern ist getragen von Güte.

Wenn das Leben zur Last wird, kannst du Ballast abwerfen. Das Entsorgen von Gegenständen ist bestimmt gut, doch noch besser ist es, Sorge für dich selbst zu tragen. Kümmere dich um dich selbst und entdecke, was dich wirklich glücklich und zufrieden macht. Lass Gedanken und falsche Vorstellungen los, und schon ist dein Leben leichter.

Lass uns mit einer kleinen Übung beginnen: Meditation findet immer im Augenblick statt, überprüfe deshalb bitte nicht, ob du diesen Augenblick bewusst wahrnimmst. Fühle heute Abend beim Zähneputzen oder beim Duschen, wie weit du wirklich anwesend bist. Du stehst unter der Dusche, aber bist du wirklich ganz hier? Oder denkst du schon wieder an morgen? Lässt du den Tag

Revue passieren? Grübelst du über ein Problem? Warst du nur kurz abwesend oder die ganze Zeit?

Wie ist es dir ergangen?

3. Willst du Hilfe oder Befreiung?

Wenden wir uns dem Thema der Innenschau zu. Das ist notwendig, bevor wir Meditation als natürlichen Zustand empfinden können. Vorerst bleibt Meditation noch eine Praxis, der wir uns bewusst zuwenden wollen. Dieses Buch fördert ein Hineinwachsen, ein sich Öffnen für das Stille in uns.

Die Fülle im Außen ist materiell greifbar, sie kommt und geht. Die innere Fülle dagegen vergeht nie. Du kannst sie nicht berühren. Aber sie berührt dich, wenn du dein Herz öffnest. Sie kann mit dem Herzen erspürt werden, wenn die Aufmerksamkeit sich nicht mehr in Äußerlichkeiten verliert. Wir werden ständig von etwas abgelenkt oder besser gesagt, lenken uns ständig weg von dem, was wir eigentlich sind. Wir lassen uns gerne ablenken, sonst würden wir es ja nicht tun. Oft vergeuden wir unsere Zeit, weil wir uns nicht bewusst sind, wie wertvoll sie ist. Abschalten kann man auch bei sinnvollen Tätigkeiten, zum Beispiel in die Natur gehen, Tiere und Pflanzen beobachten, sich seinem Körper zuwenden, sich um seine Gesundheit kümmern, ihm etwas Gutes tun, sich bewegen oder entspannen.

Viele Menschen benötigen eine Auszeit von der Arbeit. Sie müssen sich erholen. Läuft da nicht etwas schief, wenn man sich von der Arbeit erholen muss? Kein Wunder, dass man sich dann für Meditation entscheidet, denn sie ist eine Möglichkeit, um runterzufahren.

Es wäre aber viel besser für uns, wenn wir unsere Arbeit als Meditation empfinden könnten. Aber später mehr dazu.

Manche Menschen, die ein Problem haben, sagen, dass sie darüber meditieren wollen. Ein Problem ist eine Situation, mit der man sich intensiv auseinandersetzt. Ein Problem entsteht, sobald wir mit einer Sache in Resonanz gehen, nicht damit einverstanden sind oder sie ändern möchten. Wir leiden unter einer Angelegenheit, weil wir sie anders haben möchten. Der Ausruf »Ich habe ein Problem!« ist einer der häufigsten Sätze überhaupt. Probleme gehören uns nicht. Sie entstehen durch Ablehnung. Das Gegenteil von Ablehnung ist Akzeptanz. Wäre das nicht die Lösung? Wir müssen also gar keine Lösung für unser Problem suchen, sondern uns mit der Situation aussöhnen und sie akzeptieren.

In der Akzeptanz schwingt oft Widerwillen mit: Man akzeptiert zähneknirschend etwas, weil einem nichts anders übrig bleibt. Diese Form von Akzeptanz ist aber ein Kompromiss und kein »Es ist in Ordnung, wie es ist«. Es ist in der Tat gar nicht so einfach, hinzunehmen, was das Leben gerade mit sich bringt.

Anstatt mit einer Lösungsabsicht zu meditieren, wäre es also sinnvoller, herauszufinden, wie es zu dem Problem gekommen ist und wovon es abhängig ist. Es hängt immer mit dem Ich zusammen, und dieses Ich sucht in der Meditation eine Lösung für ein Problem, das nur aufgrund seiner Ablehnung besteht. Man sollte durch Meditation keine eindeutige Antwort erhoffen. Sinnvoller ist es, nichts zu erwarten und der Meditation ihren Lauf zu lassen. Erwartungshaltungen abzulegen, ist ein erster heilsamer Schritt.

Wahre Meditation ist eine vollkommene körperliche und geistige Entspannung, die uns unser wahres inneres Wesen offenbart. Die Betrachtung und Verinnerlichung einer Sache nennen wir »Kontemplation«. Dies ist bestimmt auch sehr hilfreich. Aber wünschst du dir Hilfe oder Befreiung?

Bevor wir rein theoretisch zum Selbst erwachen, müssen wir uns der Praxis widmen. Daran führt kein Weg vorbei. Wir üben uns ja auch in Fertigkeiten, die wir im Alltag und im Beruf benötigen. Wenn ein Konzertpianist jeden Tag acht Stunden üben kann, können wir ebenfalls jeden Tag einige wenige Augenblicke dafür aufbringen, etwas Sinnvolles und Kostbares für uns selbst zu tun!

Kaum hat man sich zur Meditation hingesetzt, schon geht es los. Nimmer enden wollende Gedankenströme stürzen über uns herein. Ist dir das auch schon aufgefallen? Immer wenn du versuchst, dich auf nichts zu konzentrieren, wird das vom Verstand geradezu als Einladung verstanden. Meist sind es banale Dinge, die einem in den Sinn kommen. Da fällt uns plötzlich ein, was wir morgen kochen könnten oder dringend erledigen sollten. Wir denken über dies und das nach, weil plötzlich so viele Gedanken zu uns finden. Eigentlich war es ruhiger, bevor wir uns vorgenommen haben, uns zur Meditation hinzusetzen.

Nun wartet der Verstand mit einem weiteren Gedanken auf, der uns eindringlich empfiehlt, still zu sein. Ein Gefühl stellt sich ein, es nennt sich »schlechtes Gewissen«. Warum denken wir plötzlich so viel? Warum gehen diese Gedanken nicht weg? Und kaum sind diese Gedanken da, gesellen sich auch schon wieder neue Gedanken hinzu, die uns dazu animieren, darüber nachzudenken. Schon eigenartig, dieses Zwiegespräch im Kopf, das uns einerseits ermahnt, nichts mehr zu denken, und gleichzeitig zum Denken verführt.

Nichts denken, geht das? Ist Nichts nicht auch eine Sache? Ich vergleiche das mit jemandem, der behauptet, nicht an Gott zu glauben, weil es ihn nicht gibt. Doch das setzt voraus, dass es einen Gott gibt. Wie kann ich über etwas sprechen, das ich gar nicht als existent ansehe? Wir können doch nicht davon überzeugt sein, dass es ihn nicht gibt, wenn wir ihn als Gegenüberstellung nutzen. Ist das nicht eigenartig?

Das führt mich zu der Frage, ob man Gedanken und Gefühle überhaupt loswerden kann. Dazu müssten wir sie haben. Gedanken und Gefühle sind aber etwas Vorübergehendes und bleiben nicht für immer. Da sie mit dem Ich verbunden sind, tauchen sie auch bei der Meditation auf. Wer aber in der Meditation losgelöst ist und Gedanken und Gefühle einfach nur beobachtet, befindet sich auf einem guten Weg. In der Stille ist alles gleichzeitig vorhanden, und gleichzeitig ist nichts da. Ein scheinbarer Widerspruch, der nur vom Verstand so wahrgenommen wird. Das, was uns umgibt, und unser

Ich haben denselben Stellenwert. Alles darf anwesend sein, weil in der wahren Meditation niemand mehr da ist, der sich daran stört. Das Ich muss also nicht ausgeblendet werden, sondern wird nur »ruhiggestellt«. Damit meine ich nicht eine Betäubung, sondern eine Loslösung: Wird das Ich ruhig, tritt das Selbst hervor. Dies ist kein willentlicher Akt, sondern ein ganz natürliches Verweilen in sich selbst. Es ist die Rückkehr zum inneren Selbst und geschieht mit Hingabe und Freude. Eine Distanzierung, die mit einem Stück Freiheit gleichzusetzen ist, Balsam für die Seele.

In der herkömmlichen Meditation verweilt man für eine bestimmte Zeit in einer ruhigen Haltung, um frei von äußeren Eindrücken und Aktivitäten zu werden. Man empfindet die Meditation als etwas Befreiendes und Wohltuendes. Kehrt man in den Alltag zurück, kehren Anspannung und Hektik zurück.

Wahre Meditation erkennt man daran, dass sie ständig stattfindet und dass es keine Unterschiede mehr zwischen guten und schlechten Situationen gibt. Nach wie vor können Stress und Kummer auftauchen, doch begegnet man dem mit Gelassenheit. Wahre Meditation dehnt sich auf das ganze Leben aus und kann an jedem Tag der Woche 24 Stunden lang praktiziert werden, wobei der Praktizierende nicht bewusst involviert ist.

Die herkömmliche Meditation wird als eine Art Übung zum Tagesbeginn, zum Tagesausklang oder zwischendurch ausgeübt. Erst wenn wir eine Zeit lang diese Form der Meditation praktiziert haben, können wir uns davon lösen. Die innere Stille wird zu einem natürlichen Prozess, den wir nicht mehr missen wollen. Dann dehnt sich diese meditative Haltung auf das gesamte Leben aus. Mit ein wenig Disziplin und Ausdauer werden wir selbst zu dieser Haltung. Wir betrachten das Leben nicht mehr als Kampf, sondern wie eine große Bühne, auf der wir nicht als Schauspieler agieren, sondern als Zuschauer teilhaben. Wir lassen alles, was geschieht, auf uns wirken, ohne von äußeren oder inneren Einflüssen gestört zu werden. Nicht von dem, was uns bisher belastet hat, wird als Beschwernis empfunden, sondern als Erfahrung akzeptiert. Das Leben darf so sein, wie es ist, und nichts kann uns aus der Bahn werfen. Wir leben in der Mitte der Meditation als Zentrum von Gleichmut. Interessiert und gelassen beobachten wir, was uns das Spiel des Lebens zu bieten hat.

Wenn du das nächste Mal Nahrung zu dir nimmst, besinn dich auf das, was du isst. Betrachte es, rieche es, nimm es ganz bewusst zu dir, schmecke die Würze oder Schärfe, kau so langsam, wie es dir möglich ist etc. Beobachte dabei, wie unbeständig deine Aufmerksamkeit ist und wie und ob sich der Verstand einmischt. Sei dir bewusst, dass du nicht nur eine Speise zu dir nimmst, sondern auch Energie. Deshalb spielt es sehr wohl eine Rolle, was du beim Essen denkst oder tust. Streitest du mit jemandem, nimmst du diese Energie in dir auf. So könnte dir das Essen im Magen liegen oder du entwickelst eine Allergie auf bestimmte Inhaltsstoffe. Wenn du isst, dann iss. Lies keine Zeitung und konsumiere keine Medien nebenher. Konzentriere dich ganz und gar auf die Nahrungsaufnahme. Das ist Meditation.

Wie war deine Erfahrung beim Essen?

4. Warum Loslösung so wichtig ist

Ich weiß nicht, ob du dir bewusst bist, dass es deine Bindungen sind, die dir zu schaffen machen. Ich spreche nicht nur von den Bindungen zu Besitztümern, sondern von allen Bindungen, derer wir uns kaum bewusst sind. Wie emotionale und zwischenmenschliche Bindungen ist auch die Bindung an Gedanken eine der Ursachen unserer Nöte. All diese Bindungen erzeugen nicht nur Druck, sie verfälschen auch unsere eigentliche Natur.

Wir definieren uns über das Denken und Fühlen, denn beides ist unweigerlich mit dem Menschsein verknüpft. Gedanken und Gefühle begleiten uns durchs Leben, sodass wir es kaum schaffen, von ihnen Abstand zu nehmen. Es mag dir seltsam vorkommen, dass wir uns von etwas distanzieren sollten, was uns eigentlich gar nicht gehört. Unsere Aufgabe ist es, all diese Begrenzungen hinter uns zu lassen.

Durch unser materielles Streben und ständig mehr Umweltreize fehlt uns ein Gegenpol – ein Ruhepol. Ein Anker, auf den wir uns stützen können. Etwas, worauf wir uns ausruhen können. Ein Rückzugsort, der nicht in der Welt, sondern in uns beheimatet ist. Unruhe, Ängste und Sorgen sind zwar immer noch da, wenn wir in uns still werden, doch ist es das Ziel, sich nicht mehr von ihnen beeindrucken und verunsichern zu lassen. Dann können wir auch schlechte Erfahrungen als etwas erleben, wovon wir uns nicht mehr persönlich betroffen fühlen. Dass wir uns von Sorgen und Ängsten mitreißen lassen, ist unserem Mangel an Selbsterfahrung zuzuschreiben. Das Ich wird mitgerissen, das Selbst ruht in sich – und Meditation ist der Weg vom Ich zum Selbst, ein Weg, uns wieder als Geist zu erfahren.

Die Covid-19-Pandemie hat uns eine Zwangspause verpasst. Die großen Herausforderungen, die sich uns stellten und weiterhin stellen, haben uns stark gemacht, auch wenn sie Spuren hinterlassen haben. Einige hatten kaum Zeit zum Durchatmen, das waren die an der Front. Andere durften erleben, was es bedeutet, in der Arbeit einen Gang herunterzuschalten. Familien durften Zusammenhalt erfahren, aber auch ihre Grenzen ausloten.

Fakt ist, dass Menschlichkeit ein Gesicht bekommen und ein Rückzug aus der Schnelllebigkeit stattgefunden hat. Jetzt geht es darum, die Entspannung beizubehalten und zu lernen, sich nicht unterkriegen zu lassen und das Leben zu nehmen, wie es ist. Ich habe die Menschen noch liebevoller wahrgenommen und ein Durchatmen in der Welt verspürt. Ich habe gesehen, wozu Menschen fähig sind und welche Größe sich hinter ihren Masken verbirgt. Und damit meine ich nicht die Masken im Außen! Eine insgesamt doch auch schöne Erfahrung, die ich nicht missen möchte.

Welche positiven Erfahrungen hast du gemacht?

Was hat dich gestört?

Was hast du gelernt?

Was hat dein Verhalten, deine Meinungen und Überzeugungen verändert?

So unterschiedlich wie die Gründe, warum jemand eine Meditationstechnik erlernen möchte, so verschieden sind auch die individuellen Auswirkungen der Meditation. Bestimmte Methoden helfen uns dabei, ruhiger zu werden und uns mit uns selbst auseinanderzusetzen. Das Selbst braucht jedoch keine Methode, sondern nur Loslösung pur. Doch wie bereits erwähnt, sind Methoden und Techniken die ersten Schritte, um uns selbst anzunehmen.

Hinterfrage, aus welchem Grund du meditieren möchtest. Vielleicht aus einem gesundheitlichen, einem psychologischen oder einem religiösen Grund? Willst du ruhiger werden? Beabsichtigst du etwas damit? Setzt du dich einfach nur still hin, weil es dir guttut? Hast du einen Grund, und wenn ja, welchen?

Nach einem langen und arbeitsreichen Tag tut es Körper und Geist gut, für eine gewisse Zeit abzuschalten. So baut er Spannungen ab, die sich während des Tages im Körper angestaut haben. Durch die tiefe Entspannung fühlt man sich nach einer etwa 20-minütigen Meditation erfrischt und erholt. Alle Muskelpartien werden gelockert, und man schöpft neue Kraft. Eine wunderbare Möglichkeit, um aufzutanken und loszulassen!

Meditation aus gesundheitlichen Gründen ist vor allem für jene Menschen hilfreich, die unter Druck stehen, gestresst sind und den Körper als angespannt, müde und schwer empfinden.

Bei der Meditation aus psychologischen Gründen beruhigt sich der Verstand und kann sich allmählich vom Alltagsgeschehen lösen. Es wird still in uns. Durch diese regelmäßige Loslösung von Aufgaben und Herausforderungen, aber auch von den eigenen Emotionen und Gefühlsstauungen, gelangen Meditierende nach und nach zu einer geistigen Grundhaltung, in der sie sich weniger mit ihren Gefühlen, Wünschen und Abhängigkeiten identifizieren. Sie empfinden zwar noch immer so wie vorher, aber ihr Verlangen hat keine Macht mehr über sie. Sie erreichen eine emotionale Unabhängigkeit von der materiellen Welt und lassen sich von Gedanken nicht mehr so stark irritieren.

Meditation aus religiösen Gründen hat ein starkes Fundament. Religion ist ein guter Anker, sofern man nicht zu dogmatisch wird. Jede Religion an sich kann hilfreich sein, weil sie Halt gibt. Oft geht es gar nicht darum, *was* einem Halt gibt, sondern *dass* etwas da ist, das einem Vertrauen schenkt und innerlich stärkt.

Der Mensch muss sich irgendwo anlehnen können, das gibt ihm das Gefühl, nicht unterzugehen. Das Gefühl von Geborgenheit lindert Einsamkeit, die uns stark zu schaffen machen kann. Eine Oase der Zuflucht verleiht uns das Gefühl, nie verloren zu sein. Das stärkt gleichzeitig die Überzeugung, dass man einen Platz in der Welt und eine Aufgabe hat. Wichtig ist die Zuversicht, dass alles, was geschieht, nur zu unserem Besten ist. Das stärkt das Grundvertrauen, und man gelangt nach und nach zu der Gewissheit, dass jede Situation einen Nutzen hat, auch wenn dieser erst viel später oder vielleicht gar nie zu erkennen ist. Wichtig ist nur, dass wir darauf vertrauen, dass alles seinen Sinn hat und so sein muss, wie es ist.

Meditation sollte nicht als Weltflucht verstanden werden. Sie ist in jedem Fall eine Unterstützung. Es gibt natürlich noch viele weitere Gründe für Meditation. Jeder Mensch hat seine eigene Richtung und sollte immer nur das praktizieren, wovon er sich angezogen fühlt. Was bei dem einen Wunder wirkt, muss für jemand anderen noch lange nicht richtig sein.

Meditierende werden bei allen Meditationsmethoden nach und nach ruhiger. Das ist auch Sinn und Zweck, um überhaupt erst mal Abstand zu gewinnen. Nach und nach stellt sich der Effekt, sich zu zentrieren und sich gefühlsmäßig nicht mehr zu Reaktionen hinreißen zu lassen. Meditation trägt dazu bei, dass wir uns nicht mehr in Situationen hineinziehen lassen und gefestigter sind. Wir werden souveräner und lernen, mit unseren Widerständen duldsamer umzugehen. Durch die tägliche Meditation identifizieren wir uns nicht mehr so stark mit Wünschen und materiellen Dingen. Vielmehr erfahren wir uns als geistig unabhängige Wesen, die bewusst denken und handeln. Es kommt zur Harmonisierung aller uns innewohnenden Kräfte, und wir erhalten innere Anstöße und Impulse, die zu unserer Selbstverwirklichung beitragen. So erleben wir im Laufe der Zeit eine schrittweise Entwöhnung unserer Persönlichkeit und werden klarer und ausgeglichener.

In herkömmlichen Meditationen erfahren wir einen Aspekt der Wirklichkeit. Die eine Wirklichkeit offenbart sich, wenn wir Gründe und Absichten hinter uns lassen. Indem wir das, was da ist, weder einordnen noch beurteilen, wird es wie von Zauberhand still. So können wir das einseitige Denken loslassen und das Leben ohne den Filter des Ich erfahren. Es ist nichts mehr dazwischengeschaltet, denn alles, was erscheint, ist absolut gleichwertig. Dieser Wirklichkeit öffnen wir uns, wenn wir unser eigenes Wesen zurücknehmen und weder Gedanken noch Gefühlen zu große Aufmerksamkeit schenken. Dann können wir auf den Klang der Schöpfung hören und im Gleichklang, ja im Einklang, leben. Trennung löst sich auf, und das allumfassende Gesetz der Einheit kann endlich wieder zum Vorschein kommen.

Wahre Meditation beschert uns große Glücksgefühle und harmonische Seligkeit. Dies sind Eigenschaften unseres wahren Wesens und nicht mit unserer Gefühlswelt zu vergleichen. Glückseligkeit erfährt alles um uns herum als Schöpfung, als sich selbst. Wir werden eins mit der Welt und sind nicht mehr Einzelne, sondern die Gesamtheit von allem. Solche überwältigenden Gefühle und Erfahrungen können auftreten – oder auch nicht. Sie bestimmen aber in keinem Fall den Wert von Meditation. Meditation kann man nicht als »erfolgreich« betrachten, sondern als essenziell.

Vorsicht: Höhenflüge bergen die Gefahr, das Ich zu verstärken. Man könnte sich darauf etwas einbilden oder sich gar damit brüsten. Um dies zu vermeiden, solltest du jegliche Erfahrungen für dich behalten und alle als gleichwertig betrachten. Es gibt keine Unterschiede. Grundsätzlich haben alle Erfahrungen dieselbe Qualität, solange sie niemand bewertet.

Wer meditiert, um einen bestimmten Zustand zu erreichen, befindet sich auf einem Irrweg. Wer meditiert, weil er den Gefühlen nachgibt, etwas zu tun, was der Moment mit sich bringt, liegt mit Sicherheit richtig.

Komm zur Ruhe. Schließ die Augen und schau, welche Gedanken dich ereilen. Versuch nicht, sie zu vertreiben, lass sie zu. Welche Empfindungen hast du verspürt?

5. Das eigene Leben optimieren

Wir beginnen mit grundlegenden Schritten, die uns das Leben nicht nur erleichtern, sondern auch vereinfachen. Wer geistig und körperlich vital und gesund bleiben will, kann nicht in den Tag hineinleben. Er hört auf seinen Körper, denn der weiß ganz genau, was er benötigt, um geschmeidig zu bleiben. Der Geist ist Vollkommenheit. Es geht nicht um Wissen, sondern einfach nur darum, zu sein.

Und was gibt es für uns zu tun? Es gilt, eine Brücke zum Geist zu bauen, um das Leben aus dieser anderen Perspektive wahrzunehmen. Man könnte es auch Perspektivenwechsel nennen. Es gibt einige einfache und sehr effektive Schritte, die unser Leben auf geradezu erstaunliche Art und Weise verändern. Es genügt aber nicht, sie zu kennen, man sollte sie auch anwenden!

Alles beginnt mit dem Denken

Deshalb ist es wichtig, positiv und konstruktiv zu denken. Nachdenken ist nur erlaubt, wenn es dich nicht belastet. Wie wäre es, anstelle einer körperlichen Diät eine mentale Diät durchzuführen? Dies bedeutet, nicht auf jeden Gedanken, Zweifel und Input einzusteigen, sondern es einfach einmal sein zu lassen. Schauen wir nur mal auf das, was wir als positiv empfinden, und hören und lesen nur Dinge, die sich gut anfühlen. Außerdem gibt es die Möglichkeit des mentalen »Umerlebens«, wodurch wir negative und schmerzliche Erfahrungen in etwas Positives umwandeln.

Doch so weit muss es gar nicht erst kommen, wenn wir achtsam sind. Nimm dir vor, deine Gedankenwelt gezielt zu beobachten. Lass den Lärm hinter dir, damit es still werde. Es gibt viele Möglichkeiten, sorgfältiger mit Gedanken umzugehen und sich von ihnen zu distanzieren.

Welche Methode kennst du oder möchtest du ab sofort anwenden, um dich von deinen Gedanken zu distanzieren?

Alles, was man sich vornimmt, gelingt ganz leicht, wenn man es ernst meint. Oft redet man so leicht vor sich hin, dass man dies oder das irgendwann mal ausprobieren will. Doch es braucht eine klare Entscheidung. Wenn du in deiner Entscheidung präzise bist, wird dich das Leben unterstützen und dich immer wieder daran erinnern, wenn du deinen Pfad verlässt und nachlässig wirst.

Sei, wer du bist

Neben Gedankenhygiene ist ein weiterer wichtiger Punkt, dir deiner selbst bewusst zu sein. Du lebst als Körper in dieser Welt und definierst dich über ihn. Aber wir können den Raum auch weit werden lassen und uns unseres eigenen Selbst bewusst sein. Dafür braucht es nur ein wenig Übung, und Übung macht bekanntlich den Meister. Denk an den Pianisten, der irgendwann als Kind zum ersten Mal eine Taste berührt hat. Heute steht er auf der Bühne, und die Menschen jubeln ihm zu. Leb als der Mensch, der du wirklich bist. Tu das, was stimmt, und nicht das, was fordernde Gedanken oder das Umfeld von dir erwarten. Sei, wer du bist.

Bevor wir zum nächsten Punkt übergehen, schließ kurz die Augen. Versuch nicht, an nichts zu denken, sondern lass die Gedanken einfach vorüberziehen. Es ist völlig egal, welchen Inhalt sie haben. Kümmere dich nicht darum. Auch wenn du sie hörst, erhöre sie nicht. Lass sie gehen. Entspanne dich und lass alle Körperteile los. Nimm die Spannung aus Kinn und Schulter und fühl dich einfach nur wohl. Das ist vollkommen ausreichend, um relaxed zu sein.

Wenn du nach einigen Minuten die Augen wieder öffnest, wirst du spüren, dass sich dein Körper entspannt anfühlt. Diese Entspannung kann auch mit offenen Augen durchgeführt werden. Dafür braucht es einiges an Übung. Aber dafür befinden wir uns ja auf dem Weg. Der erste Schritt ist wichtig, und wie du weißt, führen alle Wege nach Rom.

Gesunde Ernährung ist das Fundament für ein meditatives Leben

Nur wer sich gesund ernährt, kann auch gesund sein oder werden. Es gibt keine Anleitung für Ernährung, da jeder Mensch etwas anderes braucht. Jeder Körper hat andere Schwachpunkte in seinem System, und die bestimmen weitgehend, was gut für ihn ist.

Doch gibt es Grundregeln für bewusstes Essen, denn das, was du isst, ist das Baumaterial, das deinen Körper am Leben erhält! Und es versteht sich von selbst, dass frische Nahrung, die nicht industriell totproduziert wurde, das einzig Richtige ist. Wir sollten uns aber nicht verbiegen und knechten, um einer Vorstellung von gesunder Ernährung zu entsprechen. Hör einfach auf dein Gefühl und frag dich, welches Baumaterial für dich optimal ist. Ich möchte hier nicht auf Details eingehen, da eigentlich jeder Körper spürt, was gut für ihn ist. Und trotzdem essen wir oft das Falsche, weil es gut schmeckt.

Genügend Wasser ist ebenfalls eine Grundvoraussetzung, um dem Körper Gutes zu tun. Sauerstoff ist überall, aber auch genügend in unseren Lungen? Ausreichend Bewegung an der frischen Luft ist etwas, was sich von selbst versteht und eigentlich nicht erwähnt werden muss. Wer bewusst lebt, den zieht es ohnehin in die Natur.

Die beste Schule ist das Leben

Inmitten der Gesellschaft zu leben, ist die beste Entwicklungsmöglichkeit für die Seele. Wer zwischenmenschliche Auseinandersetzungen hinter sich lässt sowie Zorn, Aggression und Rechthaberei keinen Platz mehr einräumt, hat wahrlich etwas erreicht.

Wer in einer idealen Beziehung mit sich selbst und mit anderen lebt, ist der ideale Mitmensch. Jeder will mit ihm Zeit verbringen, weil es einfach guttut, in seiner Nähe zu sein. Die Beziehung zu anderen ist nicht davon abhängig, wie sie sich gerade verhalten. Nein, die Beziehung zu anderen sollte immer liebevoll sein – egal, was auch immer der andere sagt oder tut. Sieh darüber hinweg, das ist der Schlüssel zur Harmonie. Wenn uns etwas stört, haben wir das Problem und nicht der andere. Dessen sollten wir uns immer bewusst sein.

Meditation trägt dazu bei, in die Gelassenheit einzutauchen, die es braucht, um wirklich frei von Vorurteilen zu sein. Ich kann aus meiner persönlichen Erfahrung nur sagen, dass man am besten damit fährt, wenn man bedingungslos ideal ist und sich nicht angegriffen oder persönlich betroffen fühlt. Dazu braucht es nur den erwähnten Perspektivenwechsel. Sobald ich mein Bewusstsein weit werden lasse, kann ich von dieser Identifikation eines Ich ablassen.

Wer diese Eckpfeiler beherzigt, macht in seiner Entwicklung einen Sprung nach vorn. Ruhe in jeder Situation friedlich in deiner Mitte und tu, was zu tun ist bzw. was für dich stimmig ist.

Kannst du dich mit diesen vier Punkten anfreunden?

☐ JA ☐ NEIN ☐ WEISS NICHT

Welchen Punkt findest du am einfachsten?

☐ Gedanken ☐ Ich selbst sein ☐ Ernährung
☐ Gesundheit/Körper

Bei welchem/n Punkt/en gibt es noch Handlungsbedarf?

☐ Gedanken ☐ Ich selbst sein ☐ Ernährung
☐ Gesundheit/Körper

Welchen Punkt findest du am schwierigsten?

- ☐ Gedanken
- ☐ Ich selbst sein
- ☐ Ernährung
- ☐ Gesundheit/Körper

Bei welchem/n Punkt/en gibt es noch Handlungsbedarf?

- ☐ Gedanken
- ☐ Ich selbst sein
- ☐ Ernährung
- ☐ Gesundheit/Körper

Diese/n Punkt/e möchte ich ergänzen:

Beschwere dich nicht über deine Zukunft, denn du verursachst sie. Wenn du deinen Weg auf der Erde wirklich konsequent gehst, werden sich Sorgen und Ängste nicht weiter vermehren. Du kannst also jeden Augenblick damit beginnen, umzudenken und dich zum Beispiel gleich jetzt für ein bewusstes Verhalten und Denken entscheiden. Die Entscheidung liegt bei dir. Worauf wartest du noch?

Was geschieht eigentlich, wenn wir uns für ein bewusstes Leben entscheiden? Wir geben eine Information an das Leben ab. Nun weiß es Bescheid, welchen Weg wir einschlagen möchten. Und gute Vorsätze werden immer unterstützt. Sobald wir aber wieder davon abkommen und uns gehen lassen, wird auch die Nachlässigkeit unterstützt. Das Leben erhält durch unser Verhalten eine neue Information und zieht seine Unterstützung zurück. Wir entscheiden also selbst, wie das Leben läuft. Durch das, was wir tun oder nicht tun, verursachen wir unser Schicksal und dadurch auch Fröhlichkeit oder Niedergeschlagenheit.

Wenn du glaubst, dass es das Leben mit dir nicht gut meint und dich vor zu große Herausforderungen stellt, dann beobachte deine Gedanken und dein Verhalten. Dies müsste ausreichen, um dir wieder bewusst zu werden, dass du alles selbst verursachst. Du hast zwar keine Schuld, weil du immer dein Bestes getan hast bzw. das, was dir gerade möglich war, aber du trägst die volle Verantwortung. Deshalb kannst du dich auch jederzeit wieder ändern. Was du früher nicht konntest, kannst du jetzt. Was hält dich zurück?

Es gibt kein Glück und Unglück, denn das, was geschieht, ist immer richtig. Es entspricht uns. Ob wir es hören wollen oder nicht: Das Leben ist unser Spiegelbild. Um die Schwere des Lebens hinter uns zu lassen, müssen wir uns entwickeln. Das Leben als Lehrmeister rät uns dazu, Informationen umzusetzen und alles dafür zu tun, um vom Ich ins Selbst hineinzuwachsen. Das Selbst ist zwar schon da und entspricht unserem eigentlichen Wesen, aber das Ich übt zu viel Kraft auf uns aus und lenkt uns vom Wesentlichen ab.

In sieben Schritten von der Information zum Sein

1. Nun geht es darum, Informationen richtig aufzunehmen. Das Innere spricht über Gedanken, Gefühle und Ereignisse ständig zu uns. Doch irgendwie gelingt es uns immer, genau in diesen Momenten wegzusehen, wegzuhören oder es nicht zu erkennen. Der Verstand möchte ständig neue Informationen und glaubt, dadurch Lösungen für seine Probleme zu finden. Doch die Lösung ist bereits vorhanden, denn wo es ein Problem gibt, wird die Lösung stets mitgeliefert. Außerdem gibt es keine neuen Informationen, sondern nur solche, die uns nicht bekannt sind. Natürlich könnten wir davon profitieren, aber wollen wir profitieren oder lieber erwachen?

Wenn wir wirklich erwachen wollen, sollten wir mit offenen Augen durch das Leben gehen. Wir sollten achtsamer sein, denn nur so verstehen wir die Sprache des Lebens. Es spricht ständig zu uns. Weil wir aber meistens anderweitig beschäftigt sind, können wir es nicht hören. Wir dürfen also damit aufhören, uns zu beklagen und uns zu ärgern. Das ist reine Energieverschwendung. Wir sollten unsere Energie besser dafür aufbringen, dem Leben zuzuhören. Und eines ist sicher: Es ist in einem ständigen Dialog mit dir.

Halte fest, was dir spontan dazu einfällt (das hilft dir dabei, dich selbst besser kennenzulernen und neue Wege zu entdecken):

TIPP: Hören wir doch damit auf, ständig zu sagen »Ich weiß schon«, wenn uns jemand etwas erklären will. Durch alle spricht Gott, auch durch unser Gegenüber. Es ist also absolut empfehlenswert, das, was ein anderer zu uns sagt, anzuhören, in uns aufzunehmen und auf uns wirken zu lassen. »Ich weiß schon« ist nur ein Ausdruck von Hochmut und Besserwisserei. Warum sollen andere nicht mehr wissen als wir? Warum sich nicht einfach etwas sagen lassen? Warum es nicht mehrmals hören? Warum nicht über etwas nachdenken, was wir schon zigmal gehört haben und immer wieder aufs Neue mit einem »Ja, das weiß ich« zurückweisen? Es schadet nicht, wenn das Ego seine Arroganz zügelt und man einfach mal so tut, als würde es ein ihm bekanntes Wissen das erste Mal hören. Das tut nicht weh und ist eine gute Übung, sein Ego zu zügeln. Was hältst du davon?

2. Wir legen zu viel Wert auf Wissen. Informationen sind wichtig, um unser Leben zu bestreiten, aber sie sind nur dem Ego hilfreich. Das Selbst muss nichts wissen, denn es ist ja das Wissen selbst – aber nicht das Wissen, das man sich aneignen kann. Es ist das Allwissen, aus dem alles hervorgeht, was sichtbar ist.

Wenn wir uns also in einer Sackgasse befinden, müssen wir entweder wissen, dass es kein Wissen braucht, um da wieder herauszukommen, oder uns dem inneren Wissen zuwenden. Das wertvollste Wissen ist wertlos, wenn es nicht umgesetzt wird. Es stellt sich die Frage, ob wir inneres Wissen lebendig werden lassen oder angeeignetes Wissen anwenden können.

Viele bekannte Dichter haben Gedichte über die Natur verfasst. Wer sich zu solchen Texten hingezogen fühlt, ist davon berührt. Ein Naturgedicht mag dein Herz berühren, doch wenn du dich nicht selbst in die Natur begibst, bewegt sich nichts. Bewegen müssen wir uns schon selbst. Auch sehen wir viel zu oft anderen zu und bewundern, was sie können oder tun, statt selbst in die Hände zu spucken. Setz Wissen um, um dein Herz zu öffnen, und wende dich dann deinem inneren Wissen zu.

Schreib auf, welche Erkenntnisse du daraus ziehst:

TIPP: Gestehen wir uns zu, dass uns unser Wissen nicht weitergebracht hat. Nach einigen Höhenflügen sind wir wieder in der Sackgasse gelandet. Wenn uns unser Wissen nur in Sackgassen führt, wozu so sehr dem Verstand vertrauen? Warum nicht einfach auf das Herz hören und neue Wege gehen – sich vom bisherigen Wissen loslösen und darauf vertrauen, dass es mehr als Wissen gibt? Wir müssen Wissen nicht ausklammern, können uns aber davon distanzieren. Was meinst du dazu?

3. Welche Konsequenzen ergeben sich aus deinen Erkenntnissen? Willst du so weitermachen wie bisher, oder ist es an der Zeit, etwas zu ändern? Ist es an der Zeit, dein Leben, dein Verhalten und dein ganzes Dasein zu hinterfragen, oder willst du weiterhin »schlafen«?

   Mach dir die Konsequenzen daraus bewusst. Das mag dem Verstand nicht gefallen, weil er lieber etwas anderes tun würde. Er hat Angst, seinen Stellenwert zu verlieren. Es geht hier aber nicht um einen Quantensprung, sondern darum, dich Schritt für Schritt vorwärtszutasten. Frag dich:

Welche Konsequenzen hat dein »Kopfwissen« für dich?

Kannst du die Konsequenzen deines inneren Wissens praktisch umsetzen, und wenn ja, was kannst du tun?

Gibt es Hindernisse und Blockaden? Kannst du sie beseitigen, ändern oder anpassen?

TIPP: Meditiere kurz über deine Erkenntnisse. Versuch, alle Gedanken und alles, was du hier aufgeschrieben hast, loszulassen. Denk nicht über Lösungen nach. Auch nicht über das, was du tun möchtest oder tun wirst, sondern lass alles fallen. Spüre, wie es still in dir wird, und versuch, ab diesem Moment keine Gedanken mehr zu diesen Fragen aufkommen zu lassen. Du kannst darauf vertrauen, dass das Leben dir Möglichkeiten bieten wird, ohne dass du dabei etwas wissen musst. Verweile in der Stille und genieße dich, deinen Körper, deine Weite, deine Gedanken, deine Gefühle, ja alles, was anwesend ist. Lästige Gedanken dürfen genauso da sein wie schlechte Gefühle oder ein angenehmes Körpergefühl. Alles ist willkommen und alles darf bleiben. Sei mit dir im Reinen und beachte die Bewegungen in deinem Geist nicht allzu sehr. Schau einfach zu, sei losgelöst und frei.

Wenn du Wege siehst, die dein Leben verändern und bereichern können, dann mach jetzt einen Schritt in diese Richtung. Erkennst du deinen individuellen Weg? Finde für dich die besten Möglichkeiten heraus, die du sofort zielsicher umsetzen kann.

Der Schritt zum Tun klingt einfach, das ist er aber nicht immer. Sobald eine Entscheidung gefallen ist, solltest du dich nicht mehr davon abbringen lassen. Das Denken findet immer Argumente, um dich umzustimmen. Und natürlich gibt es immer viele Wenn und Aber, denen du allerdings nicht zu viel Aufmerksamkeit schenken solltest. Jetzt sind Beharrlichkeit und Disziplin gefragt. Auch eine Portion Vertrauen kann nicht schaden, wenn es darum geht, dranzubleiben und nicht mehr vom Vorhaben zurückzutreten. Bevor du einen Schritt in die richtige Richtung tust, frag dich: Sind an mein Vorhaben Erwartungen geknüpft? Möchte ich damit unbedingt etwas erreichen? Erhoffe ich mir Vorteile?

Denk an deine nächsten Schritte.
Sind sie an diese Fragen geknüpft?

☐ JA ☐ NEIN ☐ WEISS NICHT

Was möchtest du mit deinem Vorhaben erreichen?

____

____

____

____

____

Ich will gar nichts erreichen, ich folge dem Ruf meines Herzens. Wenn diese Aussage auf dich zutrifft, möchte ich dir gratulieren. Das ist eine gute Entscheidung, die dich nicht enttäuschen wird. Obwohl Enttäuschungen ja immer sehr wertvoll sind, weil sie ernüchternd sind.

Klappt etwas nicht, und wir werden enttäuscht, hat uns das Leben aufgezeigt, wo wir einer Täuschung erlegen sind. Wir hatten eine Vorstellung. Es braucht keine Vorstellung (außer bei der bewussten Visualisierung und Imagination), man muss es sich entwickeln lassen. Der Ausgang eines Ziels ist immer ungewiss. Warum sollen wir dann etwas wollen? So wie es kommt, kommt es immer richtig, auch wenn wir nicht damit einverstanden sind.

Siehst du das auch so?

Es mag sein, dass uns alte Gewohnheiten davon abhalten, etwas Neues zu wagen. Gewohnheiten sind hartnäckig, und es heißt nicht umsonst, dass es eine Zeit lang dauert, bis wir sie abgelegt haben. Eine Gewohnheit kann man nicht einfach wegschieben, da unser Unterbewusstsein sie als Handlung, Verhaltensweise und Reaktion abgespeichert hat. So folgen Gedanken und Gefühle stets Programmen, die wir uns über Jahre angewöhnt haben. Eine große Hilfe bei der Entwöhnung ist die Entspannung, womit wir wieder bei der Meditation wären. Ein stiller Moment beendet alles, und dehnt sich dieses Stillsein irgendwann in der Zukunft über einen ganzen Tag hinweg aus, dann sind wir bei der wahren Meditation angelangt.

10 Tipps, um alte Gewohnheiten zu verändern oder abzustellen

1. **Zu viel reden:** Aktives Zuhören ist eine Fähigkeit, die alle Menschen haben, aber wenige nutzen. Ihr Mitteilungszwang nimmt sie völlig in Beschlag. Aufmerksam zuhören bedeutet auch, aufnahmebereit zu sein. Es bedeutet, sich einen Moment lang selbst nicht so wichtig zu nehmen und dem anderen den Vortritt zu lassen. Eine gute Eigenschaft, die du permanent üben solltest, damit sie dir zur Gewohnheit wird.

   Ich rede so gern, weil ______________________

   ____.

   Ich rede nicht so gern, weil __________________

   ____.

   Ich höre gern zu, weil _______________________

   ____.

Ich höre nicht so gern zu, weil ____________________

____________________.

2. **Heißhungerattacken:** Häng einen Zettel an den Kühlschrank, auf dem »*Jetzt* nicht!« steht. Oder platziere dort ein Foto, das dich nicht in Bestform zeigt.

3. **Surfsucht:** Neigst du zu langem Surfen, stellst du dir am besten einen Wecker. Schenk dir 20 Minuten, die du bewusst nutzt, um etwas im Internet anzusehen oder nachzusehen, auch wenn es nicht unbedingt sinnvoll ist. Gönn dir diese Zeit. Sobald der Wecker klingelt, beendest du Computer oder Smartphone. Es ist nicht besonders cool, ein Dauer-Surfer oder Workaholic zu sein. Auch hier gilt: Pausen machen.

Und noch ein Trick, den ich selbst lange angewendet habe, wenn ich Dinge auf die lange Bank geschoben habe: Immer, wenn ich durch eine Tür gegangen bin, habe ich anschließend sofort etwas von meiner To-do-Liste gestrichen. Aber natürlich nicht nur gestrichen, sondern es auch umgehend erledigt. Jede Tür hat mich daran erinnert, dass es etwas zu tun gibt. Such dir dein Objekt oder deine Eselsbrücke, das oder die dich daran erinnert, etwas zu tun, etwas sein zu lassen oder etwas anders zu machen.

Surfst du mehr als eine halbe Stunde am Tag? Bist du mehr als eine Stunde pro Tag mit deinem Smartphone beschäftigt? Dann besteht Handlungsbedarf. Du kannst etwas tun, das du schon lange vorhast. Das ist:

a. ______________________________

____

b. ______________________________

____

c. ______________________________

____

d. ______________________________

____

e. ______________________________

____

f. ______________________________

____

4. **Überdosis Medien:** Zugegeben, Fernsehen ist vielleicht nicht mehr so attraktiv wie früher. Längst haben Internet sowie Social Media und Streaming-

Dienste aufgeholt. Um nicht in der Flut an Angeboten zu ertrinken, hilft nur eine gezielte Auswahl. Am besten planst du mit der ganzen Familie bzw. der/m Lebenspartner/in oder auch allein das Wochenprogramm im Voraus. Wenn wir zu viel Zeit vor dem Fernseher oder anderen (meist viereckigen) Geräten verbringen, versäumen wir das Leben.

5. **Konzentrationsfähigkeit in der Meditation:** Tauchen in der Meditation Gedanken auf, zentrieren wir uns und richten uns auf ein spezielles Wort oder auf die Atmung aus.

   Und wie geht es mir bei der Meditation? Bist du konzentriert? Schweifst du ab? Bist du bei der Sache?

6. **Zeitdruck:** Wir tun nicht nur zu viele Dinge auf einmal, sondern liefern uns unnötigen Vorhaben aus. Um Punkt 12 Uhr muss zu Mittag gegessen werden, um spätestens 22 Uhr muss ich im Bett sein oder um 6 Uhr möchte ich aufstehen, weil ich noch meine Meditation machen möchte.

   Mach dir keinen Druck! Gib dem Körper keinen Rhythmus vor, sondern lass dem Körper die Möglichkeit, dir zu zeigen, was er wann tun möchte und will. Natürlich gibt es Tage, wo du dich an einen getakteten Stundenplan halten musst. Aber an den Tagen mit freier Zeiteinteilung kannst du dich ruhig mal treiben lassen, wenn dir danach ist und wenn die Möglichkeit besteht. Wer ständig auf die Uhr sieht, neigt dazu, unter dauernder Anspannung zu stehen. Wenn wir hingegen auf unsere innere Uhr hören, würden wir es wahrscheinlich gar nicht bemerken, wenn die am Handgelenk stehen geblieben ist.

7. **Hast und Eile:** Muss immer alles schnell gehen? Wie wäre es, einmal alles langsamer anzugehen? Entschleunigung ist das Zauberwort, wenn es um die schlechte Angewohnheit von Hast und Tempo geht. Versuch, einige deiner täglichen Aufgaben ganz bewusst besonders langsam auszuführen, egal, ob du aufstehst, dir die Zähne putzt, kochst, in das Auto steigst oder aufräumst. Und wenn du das beim Einparken praktizierst, könntest du einem anderen so ganz nebenbei noch eine Lektion in Geduld erteilen.

8. **Zu viele Nahrungsmittel kaufen:** Schuld daran ist meist ein knurrender Magen beim Einkaufen. Wenn du bereits im Geschäft stehst, dann greif dir eine Banane und iss sie, bevor du weiter die Regale plünderst. Es wäre ohnehin gut, immer etwas Trockenobst oder Nüsse eingesteckt zu haben, um Heißhungerattacken zu vermeiden, wobei wir wieder bei Punkt eins angelangt wären.

TIPP: Neigst du auch dazu, zu viel einzukaufen? Lässt du dich gern von Angeboten im Internet verführen? Bist du auch ein Black-Friday-Fan? Dann gönn dir deinen Wunsch, aber gib dafür eine Sache ab. Sortiere ein Kleidungsstück aus, entsorge Geschirr oder verschenke ein Buch. Immer wenn du dir etwas anschaffst, dann gib etwas weg. Das ist nicht nur befreiend, sondern kann auch anderen eine Freude bereiten.

9. **Ständig in Bewegung sein:** Das stresst nicht nur dich selbst, sondern auch die anderen: »Dies muss ich noch machen, das muss ich noch erledigen und danach muss ich noch Folgendes tun.« Niemand möchte derart anstrengende Menschen um sich haben. Ein zwanghafter Bewegungsdrang belastet, abgesehen davon, dass er dem Blutdruck schadet. Tu einfach einmal gar nichts. Verdonnere dich dazu, nichts zu tun, und gib nicht der Gewohnheit nach, zu Smartphone, Fernbedienung oder Chipstüte zu

greifen. Nichts zu tun ist gar nicht so einfach, denn meistens tut man auch dann etwas, wenn man davon überzeugt ist, nichts zu tun. Schalte einen Gang runter. Ein Blick aus dem Fenster ist ein guter Anfang. Aber auch ein Blick zur Zimmerdecke kann sehr entspannend sein. Interessant, dass sich ruhige Momente nicht unbedingt gut anfühlen, sondern sich ungute Gefühle breitmachen. Das ist leicht erklärt: Wenn wir in Bewegung sind, liegt vieles brach, wird unterdrückt und kann sich nicht zeigen. Ein toller Moment, wenn sich diese Gefühle endlich zeigen und wir sie uns bewusst machen können.

Und was bist du für ein Typ?

- Ich gehöre zu den Menschen, die ganz einfach absolut nichts tun können. Ich bin richtig gut im Nichtstun. Ich kann stundenlang in den Himmel sehen und meine Seele baumeln lassen. Es ist einfach herrlich, den Vögeln zuzusehen und die Natur zu betrachten.

- Ich tue mich sehr schwer, mit mir selbst allein zu sein. Ich finde es unangenehm, wenn es nichts zu tun gibt und wenn ich mich spüre.

- Bei mir ist es einmal so und einmal so. Manchmal gelingt es mir gut, mich auszuklinken, und manchmal wird es im Kopf einfach nicht still.

10. **Ich kann das selbst oder ich kann es besser:** Viele Menschen sind von diesen Sätzen überzeugt, stimmen tut das allerdings nicht immer. Ich habe mir früher auch nie helfen lassen wollen. »Ich mache das schon«, habe ich oft gesagt. Irgendwann habe ich bemerkt, dass dieses Verhalten dumm ist. Außerdem stoßen wir andere Menschen vor den Kopf und verletzen sie mit unserer Selbstüberschätzung. Was spricht dagegen, Aufgaben abzugeben? Sich helfen zu lassen, ist eine wunderbare Sache.

Heute warte ich nur darauf, dass mir jemand Aufgaben abnimmt. Nicht, weil ich davon überzeugt bin, dass der andere es besser kann, aber ich kann meine Zeit anders nutzen. Gleichzeitig mache ich dem anderen eine Freude, denn ich schenke ihm das Gefühl, wertvoll zu sein.

Was gibt es Schöneres, als füreinander da zu sein? Wozu hat man Freunde? Wozu gibt es so viele Menschen? Bestimmt nicht, damit jeder sich nur mit sich selbst beschäftigt. Man kann viel teilen: Schmerz, Geld, Freude, Einsichten, Meinungen, Ideen etc. Wenn wir uns mehr austauschen und Aufgaben teilen, schafft das ein wunderbares Bewusstsein, das Gewohnheiten ganz schön alt aussehen lässt.

6. Ich hab da eine Frage

Im folgenden Kapitel widme ich mich Fragen zur Meditationspraxis, die mir im Laufe der Jahre immer wieder gestellt wurden.

1. Frage: Herr Tepperwein, was verstehen Sie unter Meditation?

Meditation ist nicht gleich Meditation, und wie du selbst weißt, verstehen die meisten darunter eine Übung. Es gibt unterschiedliche Meditationstechniken. Am besten probiert man die verschiedenen Methoden aus, lässt sie eine Zeit lang auf sich wirken und entscheidet erst danach, welche Meditationstechnik einem zusagt.

Die wahre Meditation ist eine innere Haltung, die wir jederzeit einnehmen können und die uns nie mehr verlässt. Sie begleitet uns durch den Alltag und lässt uns stets im Einklang mit uns selbst sein. Die wahre Meditation beschert uns Zufriedenheit und Ausgeglichenheit. Zunächst geht es aber darum, mit sich selbst im Reinen zu sein. Wir sind wie ein Rohdiamant, der geschliffen werden muss. Je mehr er geschliffen wird, umso klarer wird er. Also gilt es, alte Verhaltensmuster abzulegen, Gewohnheiten loszulassen, sich von Bindungen zu befreien, seine Gedankenwelt unter Kontrolle zu halten, Aggressionen abzubauen, Zorn zu besänftigen und vieles mehr. Du weißt selbst, was dir nicht guttut, aber das kannst du nicht einfach ignorieren. Meist sind es Gewohnheiten, die sich so tief in uns eingeprägt haben, dass wir sie nach und nach »abbauen« müssen. Dies gelingt, indem wir sie durch andere ersetzen.

Was verstehst du unter Meditation?

____

____

____

____

Welche Techniken hast du bisher ausprobiert?

____

____

____

____

Spricht dich etwas an, was du noch nicht ausprobiert hast?

____

____

2. Frage: Welche Meditationstechniken empfehlen Sie mir?

Es gibt aktive und passive Meditationsformen. Ich bevorzuge die passive Form. Ich kann jedoch niemandem einen Ratschlag erteilen, weil ich dadurch Einfluss nehmen würde. Es ist wichtig, selbst herauszufinden, womit man sich am wohlsten fühlt. Nachfolgend möchte ich kurz auf die gängigsten Praktiken eingehen, damit du dir einen Überblick verschaffen kannst.

Passive Meditationsformen

Achtsamkeitsmeditation

Die unterschiedlichen Formen der Achtsamkeitsmeditation sind weit verbreitet und sehr beliebt. Ich persönlich finde sie sehr angenehm und effektiv.

1. Bei der ersten Variante geht es nicht darum, seine Gedanken im Zaum zu halten, sie zu kontrollieren oder zu verscheuchen. Der Meditierende nimmt die Position des Beobachters ein. Er betrachtet still und ruhig Gedanken und Gefühle, die sich zeigen. Die Achtsamkeitsmeditation ist eine Technik des Buddhismus. Hierzu fällt mir eine kleine Geschichte ein:

Ein Mann besuchte ein Kloster, um sich eine Auszeit zu gönnen. In einem Gang kamen ihm Novizen entgegen. Ihr lautes Lachen lenkte seine Aufmerksamkeit auf das entgegengesetzte Ende des Flurs. Die Novizen tuschelten miteinander, als würden sie etwas aushecken, und versteckten sich in einer Nische. Ein Mönch, der feierlich ein Tablett mit Tee in seinen Händen hielt, bewegte sich auf sie zu. Als er sich auf Höhe der Nische befand, sprangen die Novizen hervor und lachten laut. Der Mönch aber ließ sich nicht von ihnen ablenken, sondern ging unbeirrt weiter. Er zeigte keinerlei Reaktion, weder körperlich noch emotional. Der Mönch stellte das Tablett behutsam ab, kniete sich hin, rückte das Geschirr zurecht und faltete die Hände.

Fazit: Man sollte sich bei seinen Handlungen von nichts ablenken lassen, sondern sich in Bedachtsamkeit und Ruhe üben.

So ist es auch bei der Meditation. Wenn du deine Gedanken und Gefühle nicht wie ein aufgeregter Novize wahrnimmst, sondern mit der Ruhe dieses Mönches, kannst du ganz entspannt und gelassen beobachten, was während der Meditation vor sich geht. Wenn du Gefühlen und Gedanken keine Aufmerksamkeit schenkst und deine ganze Achtsamkeit in die Beobachtung legst, wird dein ganzes Leben eines Tages zur wahren Meditation werden. Wir alle beginnen als Novize und enden als Mönch. Beide unterscheiden sich nur in der Achtsamkeit und in der Gedankenqualität voneinander.

2. Ebenfalls zur Achtsamkeitsmeditation gehört eine Technik, die meistens im Liegen praktiziert wird. Hier nimmt man gezielt Körperteile wahr, um sie nach und nach zu entspannen. Zuerst lenkt man die Aufmerksamkeit auf eine bestimmte Stelle des Körpers, lässt sie in den Mittelpunkt rücken und schwer werden. Erst wenn man zur nächsten Stelle weitergeht, lässt man sie los. Man könnte aber auch sagen, dass dies von selbst geschieht, denn hier bestimmt die Aufmerksamkeit, was gerade im Vordergrund steht. Man beginnt bei dieser Form der Meditation am besten mit den Zehen und arbeitet sich von unten nach oben bis zum Kopf hoch. Auch hier ist eine tiefe Entspannung möglich.

Meditation der Konzentration oder der Zentrierung

Hier geht es darum, seine Aufmerksamkeit auf einen Punkt zu lenken. Sehr beliebt ist das dritte Auge. Es kann aber auch ein Gedanke, ein Wort, ein Mantra oder die Atmung sein. Dies hilft nicht nur, abzuschalten, sondern fördert auch die Konzentration. Diese Meditation wirkt unterstützend in schulischen sowie beruflichen Belangen.

Meditation der Ruhe und Stille

Diese Meditationsform empfiehlt sich nicht nur zur Stressbewältigung. Hier geht es darum, seine Aufmerksamkeit auf den Ursprung des menschlichen Daseins zu richten. Man versucht nicht bewusst, Gedankenstille herbeizuführen, denn das geschieht automatisch, wenn sich die Gedanken zurückziehen. Wenn wir dort eintauchen, wo keine Gedanken sind, wird es still. Gedankenstille stellt sich mit der Zeit von selbst ein, wenn man seine Aufmerksamkeit auf die Leere lenkt. Für diese Meditation muss man nicht gläubig sein. Man setzt sich einfach hin und ist sich eines leeren Raumes bewusst, in dem alles enthalten ist.

Atem-Meditation

Das Beobachten des eigenen Atemrhythmus hat etwas sehr Beruhigendes. Da der Vorgang des Atmens langsamer vor sich geht als die Prozesse, die sich im Kopf abspielen, ist diese Technik ideal, wenn es darum geht, im Kopf still zu werden. Man sagt, dass man ganz im Augenblick aufgehen kann, wenn man gezielt nur auf die Atmung achtet. Das bedeutet, dass Meditierende voll und ganz bei der Atmung sind, ohne Abschweifungen und Ablenkungen. Ziel der Meditation ist es ja, die Gegenwart bewusst wahrzunehmen. Und da die Atmung immer nur einen einzigen Moment erfüllt, bedeutet dies, diesen einen Moment zu erfahren.

Dies ist die herkömmliche und bekannteste Form, die besonders im westlichen Raum praktiziert wird. Es gibt natürlich unzählige Atemtechniken, die man aber nicht auf eigene Faust ausüben sollte. Es empfiehlt sich, einen Lehrer aufzusuchen und nicht etwas auszuprobieren, von dem man keine Ahnung hat. Die Atmung muss regelmäßig sein, und es ist nicht ganz ungefährlich, wenn man zu lange Pausen einlegt.

Transzendentale Meditation (TM)

Transzendentale Meditation sollte nicht einfach so ausgeübt werden. Hier werden unterschiedliche Kanäle geöffnet, die in eine tiefe Entspannung führen und das Gefühl vermitteln, nicht mehr der Körper zu sein.

Ein Lehrer der Transzendentalen Meditation nimmt die Einweihung vor. Meditierende erhalten ein persönliches Mantra, das mehrmals wiederholt wird. Durch die Wiederholung gelangt man in eine tiefe Entspannung. Mit geschlossenen Augen sitzt man da und rezitiert dieses Mantra, das nur aus einem Wort besteht und das nicht weitergegeben werden darf.

Es eröffnet Räume, in denen man völlig abwesend ist, und aus diesem Grund sollte man die Meditation nur unter fachmännischer Anleitung ausführen. Es gibt Menschen, die durch diese Meditationspraxis eine Bewusstseinserweiterung erfahren und ähnlich wie beim Konsum von Drogen Bekanntschaft mit psychischen Problemen gemacht haben.

Diese Technik stammt von Yogi Maharishi Mahesh. Vielleicht kennst du die »fliegenden Yogis«. Sie sitzen im Schneidersitz, vertiefen sich in ihr Mantra und heben irgendwann vom Boden ab. Bei manchen ist es ein Hüpfen, andere schweben in der Luft. Wenn sich dieser körperliche Zustand von selbst einstellt, ist das völlig okay.

Dies aber zur Schau zu stellen oder Transzendentales Yoga aus diesem Grund zu praktizieren, ist natürlich nicht empfehlenswert.

Geführte Meditation

Die geführte Meditation wird auch als Fantasiereise bezeichnet. Unter Anleitung eines Therapeuten oder einer Meditationslehrerin oder mithilfe einer CD begibt man sich auf eine Gedankenreise. Diese Technik stärkt das Selbstbewusstsein und wirkt ebenfalls sehr entspannend. Sie wirkt unterstützend bei bestimmten Problemen, wie zum Beispiel Partnerschaftsproblemen, Schlafstörungen oder Süchten. Hierfür gibt es viele unterschiedliche Programme, wobei ich selbst einige entwickelt habe. Bei meinen geführten Meditationen habe ich oft Suggestionen verwendet, die zur Tiefenentspannung führen. Auch Tages- oder Nachtprogramme sind sehr beliebt und können aufgrund unterschiedlicher Frequenzen Regeneration, Ruhe und sogar eine Verbesserung der körperlichen Verfassung herbeiführen.

Metta-Meditation

Metta-Meditation steht für Wohlwollen, Güte und Freundschaft. Im Wesentlichen ist Metta eine selbstlose Haltung der Menschlichkeit, die sich durch Liebe und Freundlichkeit auszeichnet. Die Praxis konzentriert sich auf gute Gedanken, die man in die Welt sendet. Sätze wie »Möge dir alles gelingen«, »Mögest du Fülle erfahren« oder »Mögest du dich an Gesundheit erfreuen« werden mehrmals hintereinander wiederholt. Dazu visualisiert man eine bestimmte Person oder lenkt die Energie auf mehrere Menschen, Gruppen oder Länder. Da viele Menschen leiden, versucht man damit, ihr Leid zu lindern, indem man ihnen Glück wünscht. Die Meditierenden bringen Mitgefühl und Nächstenliebe zum Ausdruck. Es handelt sich nicht um ein stumpfes Wiederholen von Sätzen, denn im Vordergrund steht das Gefühl, im Gesagten aufzugehen und diese Liebe auch wirklich zu empfinden.

Vielleicht kennst du diese Art der Meditation, kanntest aber den Begriff nicht. Dies ist ein gutes Beispiel, um unsere Gewohnheiten aufzudecken: Unser entspanntes und meditatives Dasein wird wahrscheinlich gestört, wenn wir etwas nicht wissen oder kennen. Vielleicht fühlen wir uns schlecht oder es ist uns peinlich, wenn andere mehr wissen. Aber es ist keine Schande, etwas nicht zu wissen. Ganz im Gegenteil, es ist sehr heilsam, wenn man etwas nicht weiß – denn dadurch entsteht ein Raum, in dem wir uns für Neues öffnen.

Wie fühlt es sich für dich an, wenn du in einer Runde sitzt und über etwas gesprochen wird, wovon du keine Ahnung hast? Fühlst du dich unwohl? Fühlst du dich beschämt oder bloßgestellt? Denk an eine Situation, in der du nicht mitreden konntest. Wie fühlte sich das an?

Wie hast du dich verhalten?

Meistens lenken wir vom Thema ab, versuchen, gut dazustehen und unsere Unwissenheit zu vertuschen. Warum darf der andere nicht mehr wissen? Und ist es wirklich so schlimm, seine Unwissenheit zuzugeben? Wen kümmert das? Das Ego will immer mehr als andere wissen, und es fällt ihm schwer, anderen den Vortritt zu geben. Wenn uns aber bewusst ist, dass uns das Kopfwissen ohnehin nur im Weg steht, kann man das durchaus durchgehen lassen oder gar befürworten. Wissen ist nützlich, aber es bringt uns nicht weiter auf unserem Weg zu uns selbst.

Rückführung

Ob man eine Rückführung als Meditation bezeichnen kann, muss jeder für sich selbst entscheiden. Auf alle Fälle führt sie zu tiefer Entspannung. Erfahrungen und Erlebnisse kehren in Form von inneren Bildern zu uns zurück. Man erlebt noch einmal wichtige Momente aus unterschiedlichen Phasen, die einen geprägt haben und die sich in der Jetztzeit hinderlich auf unser Leben auswirken.

Aktive Meditation

Sitzt du auch den ganzen Tag? Dann wünschst du dir vielleicht eine Form der Entspannung, bei der du dich bewegen kannst. Das Gehirn ist ständig in Bewegung. Wenn wir uns mit körperlicher Bewegung beschäftigen, können sich die Gedanken beruhigen, und Entspannung stellt sich ein. Ich möchte hier nur auf die bekannteste Meditationstechnik eingehen, alle anderen Formen, wie Yoga, Tai-Chi oder Qigong, findest du im Internet.

Gehmeditation

Intuitives Gehen hat etwas Meditatives an sich. Je länger man geht, desto stiller wird es im Inneren. Nicht umsonst entscheiden sich viele Menschen für den Jakobsweg, da sich beim Gehen der Verstand verabschiedet. Man könnte auch sagen: Mit dem Körper gehen bringt den Kopf zum Stehen.

Die Gleichmäßigkeit einer Bewegung trägt dazu bei, das Gemüt zu besänftigen. Für die Gehmeditation braucht es keine Technik, und sie kann über einen langen Zeitraum ausgeübt werden.

Eine Variante der Gehmeditation ist das bewusste, langsame Gehen. Man ist dabei so auf die Langsamkeit der Bewegung konzentriert, dass man automatisch in einen Zustand innerer Ruhe gelangt. Probier es doch einfach aus. Es macht Spaß, und ob du's glaubst oder nicht, es ist gar nicht so einfach. Als ich es das erste Mal praktiziert habe, kam ich mir recht seltsam vor. Es ist für jeden Menschen ungewohnt, sich bei seinen gewohnten Bewegungen einbremsen zu müssen. Aber es hat durchaus seinen Reiz.

Folgende Meditationstechnik nehme ich mir vor:

____

____

Ort: ____________________

Zeit: ____________________

Wie oft (geplante Tage): ____________________

Dauer: ____________________

3. Frage: Trägt Meditation zur Gesundheit bei?

Meditation ist eine Möglichkeit, um zur Ruhe zu kommen. Es geht darum, dass es im Kopf still wird und man alles loslassen kann. Nur wer zur Ruhe gekommen ist, ist gewappnet und vorbereitet für den Weg zu sich selbst. So sind alle Meditationsformen immer nur Werkzeuge, die man so lange anwendet, bis man sie nicht mehr braucht – wenn man in sich angekommen ist.

Die Gesundheit ist natürlich auch ein wichtiger Aspekt. Ein gesunder Geist wohnt in einem gesunden Körper, und Meditation fördert geistige Wachheit und Gesundheit. Wer wirklich auf die Gesundheit Wert legt, sollte neben der Meditation unbedingt Yoga praktizieren. Ich habe Yoga aber bewusst nicht als Meditationspraxis aufgeführt, weil es viel mehr ist, nämlich Ausdruck einer Geisteshaltung. Es aktiviert die Energiebahnen und verbindet den Menschen mit dem Göttlichen. Wer wirklich bei der Sache ist, wird keinen einzigen Gedanken hegen. Dies ist ein automatischer Prozess, der nicht geübt werden kann. Man muss nicht üben, um gedankenstill zu sein, da es unser eigentlicher ursprünglicher Zustand ist. Wir müssen ihn nur wieder zurückgewinnen. Zu sich selbst zu erwachen, ist also nichts Neues, sondern es geht darum, etwas Altbekanntes wiederzuentdecken.

Yogis empfehlen Yoga, um gesund zu bleiben, der Krankheit vorzubeugen oder sich selbst anzutreiben, um wieder gesund zu werden. Da der Energiefluss wieder in Harmonie kommt, können körperliche Störungen ausbalanciert werden.

4. Frage: Warum sollte ich meditieren?

Jeder Mensch ist in der Lage, zu meditieren, aber nicht jeder Mensch fühlt sich damit wohl. Solange man sich diese Frage stellt, ist Meditation sicher nicht das Richtige. Man weiß, wenn es so weit ist, und dann erübrigt sich diese Frage. Es ist eine Herzensangelegenheit und ein Drang, dem man Folge leisten wird, wenn die Zeit reif ist. Für viele Menschen ist Fernsehen Meditation, für andere Angeln. Es ist nichts besser oder schlechter, denn jeder entscheidet selbst, wofür er seine Zeit einsetzen will.

Durch materielles Streben und die immer größer werdenden Umweltreize haben sich viele Menschen von sich selbst abgewandt. Der Mangel an Selbsterfahrung schwächt uns und macht uns unberechenbar. Wer sich nicht im Griff hat, den hat das Leben im Griff. Es geht nicht darum, sein Leben zu beherrschen, sondern sich nicht mehr aus der Ruhe bringen zu lassen. Komme, was wolle, die Mitte zählt. Seien wir ehrlich, wir sind umgeben von ungeduldigen, wütenden, ängstlichen, aggressiven und hilflosen Menschen. Wir sind selbst ab und zu so. Wenn wir keine Möglichkeit finden, unser Dasein auszubalancieren, wird das öfters der Fall sein. In der Meditation finden wir Balance. Es ist ein Weg, uns neu zu erfahren und etwas in uns zu erkennen, das nur darauf wartet, die Unzufriedenheit vom Thron zu stoßen.

So wie die Gründe für Meditation unterschiedlich sind, so sind auch deren Auswirkungen verschieden. Am besten erwartet man nichts und widmet sich seinem Innenleben. Wir dürfen uns überraschen lassen und beobachten, was uns das Leben schenkt, wenn wir uns endlich wieder um uns selbst kümmern.

TIPP: Verweile für eine bestimmte Zeit bei deinem inneren Selbst, um die Stille auf dich wirken zu lassen, ohne von äußeren oder inneren Einflüssen gestört zu werden.

Vorbereitungen treffen, um herunterzufahren

Denjenigen, die Meditation als etwas völlig Neues erfahren, möchte ich einige Hinweise geben in Bezug auf Körperhaltung, Atmung, ein eventuelles Mantra und Gedankenstille.

Schritt 1: Der richtige Ort

Wähle einen ruhigen Ort aus, an dem du ungestört bist und Umweltgeräusche nicht allzu sehr stören. Du musst nicht von der Welt abgeschirmt sein, aber such dir einen Platz, wo du für dich sein kannst. Natürlich schaltet man in einem Raum, in dem man allein ist, besser ab als unter Menschen. Dies gilt nicht für Gruppenmeditationen, weil diese die Energie so anheben, dass man sich fallen lassen kann. Bitte Familienmitglieder, dich für eine gewisse Zeit nicht zu stören. Schaff einen Ort des Friedens. Unterstütze das durch einen abgedunkelten Raum, Kerzen, leise Musik oder auch Räucherstäbchen. Finde dein eigenes Wohlfühlritual. Wenn du mit Licht und Musik eine bestimmte Atmosphäre schaffst, kann dich im Laufe der Zeit schon das Anzünden einer Kerze oder das Anklingen eines Musikstücks in einen leicht meditativen Zustand versetzen. Gedämpftes Licht ist immer förderlich, und die Augen ganz oder halb zu schließen, versteht sich von selbst. Ich erwähne das hier, weil ich mal einen Menschen kennenlernte, der mit offenen Augen meditierte. Für den, der's mag, auch eine Möglichkeit. Warum nicht?

Der richtige Zeitpunkt

Man sollte meditieren, wenn man sich wach genug fühlt, um erstens nicht einzuschlafen, und zweitens sollte die notwendige Begeisterung mitgebracht werden. Wer kein Bedürfnis nach Meditation hat, wird auch keine Freude daran haben. Meditation ist zeitlich natürlich nicht gebunden. Man kann sie jederzeit und überall ausüben. Praktisch ist, dass es keine Utensilien braucht und man somit auf nichts und niemanden angewiesen ist. Trotzdem empfiehlt es sich, einen Zeitpunkt zu wählen, den man stets beibehält. Entspannung sollte nicht zur Routine werden, aber in einen gewissen Rhythmus eingebunden sein. Meditation soll nicht Gewohnheit sein, sondern die Disziplin fördern. Disziplin ist nichts Strenges, sondern eine Offenheit, etwas kontinuierlich auszuführen, was Körper, Geist und Seele guttut.

Dauer der Meditation

Ich glaube nicht, dass man sich zu lange in sich selbst versenken kann. Der Alltag holt uns ohnehin ganz von selbst wieder ein, außer, es hat sich eine völlige Ablösung eingestellt. Auch hier gilt es, in einen Rhythmus zu kommen und sich eine Mindestzeit zu setzen. Verlängere, so oft du möchtest, und verzichte darauf, die Zeit zu verkürzen. Auch hier geht es mehr um Disziplin als um Gewohnheit. Meditationen müssen aber nicht über einen vorgegebenen Zeitraum hinaus ausgeführt werden. Kurzmeditationen empfehlen sich überall dort, wo du das Gefühl hast, deine Zeit nicht mit sinnlosen Beschäftigungen vergeuden zu wollen, etwa im Wartezimmer.

Mahlzeiten

Mit einem vollen Magen lässt es sich nicht gut entspannen, auch sollte man keinen Hunger verspüren. Beides beeinträchtigt die Konzentration. Deshalb sind Meditationen am Morgen und am Abend förderlich, weil sie der optimale Start in einen noch unbelasteten Tag sind oder auch der Abschaltmodus vor dem Zubettgehen. Und da viele Menschen ohnehin spät nichts mehr essen, ist das sehr gut.

Kleidung

Zieh etwas Bequemes an und schlüpf in deine Wohlfühlkleidung. Auch wenn du unterwegs bist, in öffentlichen Verkehrsmitteln, bei der Arbeit, in der Mittagspause oder in einem Wartezimmer, kannst du kurze Meditationen ausführen. Dann reicht oft schon der Gedanke an das Lieblingsshirt aus, um sich wohlzufühlen.

Schritt 2: Über die Körperhaltung

Geführte Meditationen finden meistens im Liegen statt. Zu Beginn hörst du oft, dass du eingeladen wirst, dich bequem hinzulegen. Hierbei empfiehlt sich die Liegeposition, weil man sich auf einen Text konzentriert und sich im Sitzen eventuell nicht so fallen lassen kann. Außerdem schläft man auch nicht so schnell ein, wenn man kontinuierlich eine Stimme hört, auch wenn diese sehr beruhigend ist.

Bei anderen Meditationen empfehle ich die Liegeposition nicht. Es geht ja darum, eine Verbindung nach oben zu schaffen. Deshalb ist es sinnvoll, sich aufrecht hinzusetzen, den Oberkörper gerade zu halten und diese Stellung beizubehalten. Im Liegen ist der Energiefluss nicht derselbe wie bei der Sitzposition. Die Wirbelsäule sollte immer gerade sein, und die Augen sind halb geschlossen. Das Sitzen sollte nicht anstrengend sein, sondern stets gelöst und frei von Zwang.

Solltest du während der Meditation Unbehagen oder sogar Schmerzen wahrnehmen, ändere deine Haltung unverzüglich. Es kann sein, dass du plötzlich Schwierigkeiten bekommst. Das liegt daran, weil der Körper das aufrechte Sitzen nicht gewohnt ist. Die meisten Menschen haben deshalb zu Beginn einer Praxis Rückenschmerzen, meist im oberen Bereich. Das geht mit der Zeit vorbei, wenn die Muskeln an dieser Stelle gestärkt werden.

Atmung

Wenn du keine gezielte Atemtechnik verfolgst, atme einfach ruhig und tief. Lenk deine Aufmerksamkeit auf die Atmung, bevor du mit der Meditation beginnst. Füll deine Lungen aus, bis hinunter zum Bauch. Optimal ist es, wenn sich der Bauch beim Atmen hebt und senkt. Vermeide jegliche Anstrengung und sei ruhig und entspannt. Die einströmende Luft sollte dir das Gefühl geben, dass Atmung ganz von selbst geschieht. Sie kommt und geht ganz natürlich und frei von irgendwelchem Zutun. Wenn du möchtest, beobachte deinen Atem eine Weile, bevor du mit deiner Meditation beginnst. Während der ganzen Meditation hat bei herkömmlichen Techniken die Atmung selbst keine große Bedeutung, weil sie sich intuitiv von selbst einstellt, wenn du absolut loslassen kannst. Das Beobachten des Atems ist eine Meditationspraxis, die eine große Tradition hat. Mehr dazu kannst du unter dieser Technik nachlesen.

Mantra

Um den Kopf zu besänftigen und tief in die Meditation einzutauchen, kann das Rezitieren eines Mantras sehr hilfreich sein. Ein Mantra ist ein Wort, welches keinen offensichtlichen Sinngehalt besitzt, sondern eine Schwingung erzeugt. Du kannst es während der gesamten Meditation in Gedanken oder leise vor dich hinsprechen. So haben Gedanken keinen Raum, und sollten sie trotzdem auftauchen, kannst du dich immer wieder auf das Wort konzentrieren, damit es nachhaltig still wird. Spüre, wie das Mantra seine Wirkung entfaltet und zum Inhalt der Meditation wird.

Wenn der Atem gleichmäßig fließt, kann das Mantra mal leiser, mal lauter, mal voller oder mal kräftiger schwingen. Es ist also kein gleichmäßiger Ton, sondern ein Laut, der mit der Atmung konform geht. Durch die Koppelung des Atems mit dem Mantra wird der ganze Prozess automatisiert. Alles, was du tun musst, ist, zuschauen und geschehen lassen. Mit der Zeit werden sich der Atem und die Schwingung des Mantras verfeinern. Das Bewusstsein stellt sich auf feinste Reize ein, sodass die Wahrnehmung ebenfalls feiner wird. Schließlich wird der Wahrnehmungsgegenstand so fein, dass er gar nicht mehr vorhanden ist, unser Bewusstsein existiert dann ohne Bewusstseinsinhalt. Mantra, Atem und Bewusstsein schwingen in vollkommener Stille und Harmonie.

Gedankenstille

Lass alle Gedanken los. Üb dich darin, dich nicht mehr mit Gedanken zu identifizieren. Du kannst sie aus der Sicht eines Dritten beobachten. Nichts kann so wichtig sein, dass du dich davon stören lässt. Deswegen ist es wichtig, vor dem Beginn der Meditation alle wichtigen Tagesaufgaben erledigt zu haben oder bei Tagesbeginn das, was Priorität hat, aufzuschreiben. Oder sprich die wichtigen Dinge auf dein Smartphone, damit du sie nicht vergisst. Ansonsten bist du ständig damit beschäftigt, darüber nachzudenken.

Gedankenstille erreicht man in der Regel erst, wenn man Übung im Innehalten hat. Wobei wir wieder bei dem Satz *Übung macht den Meister* angelangt wären. Es ist nicht wichtig, keine Gedanken zu haben, sondern sich nicht von ihnen ablenken zu lassen. Denk sie nicht weiter und lass sie einfach ziehen.

TIPP: Entspannung ist der wichtigste Teil jeder Meditation. Befolge keine Anleitung, wisse darum. Finde deinen eigenen Rhythmus und tu das, was leicht geht. Wichtig ist, dass du dich darin wohl und jederzeit entspannt fühlst.

Achte bei der Meditation auch darauf, Körperspannungen loszulassen. Wenn du noch Verspannungen im Körper verspürst, spanne jeden Körperteil für einige Sekunden kräftig an. Danach lass die Spannung mit einem Ruck los und gib dich dem wohligen Gefühl hin, das sich an der jeweiligen Stelle einfindet.

Wenn durch die Hingabe, durch das Rezitieren des Mantras oder durch Konzentration auf den Atem in deinem Geist völlige Stille herrscht, kann die eigentliche Meditation beginnen. Was nun geschieht, ist meist ein Selbstläufer und sollte auf gar keinen Fall kontrolliert werden. Man kann es nicht beschreiben, da ja nichts Gegenständliches passiert.

Das Gefühl der Stille, der Ruhe, des reinen Seins oder die göttliche Verbundenheit erfährt jeder in unterschiedlicher Weise. Es genügt vollkommen, wenn du dich voller Vertrauen öffnest und dich ganz der Stille hingibst. Öffne dein geistiges Ohr, und du wirst feststellen, dass diese Stille sogar hörbar ist. Höre den Klang und lass ihn ganz in dich hineinströmen. Wenn du anfangs gar nichts hörst, sei nicht enttäuscht. Und sei niemals streng mit dir, sondern hab Geduld. Sobald du in völliger Gedankenstille ruhst, erlebst du eine gänzlich neue Art der Konzentration, und diese Erfahrung wird einzigartig sein.

Sei nachsichtig mit dir und meditiere mit Freude. Meditiere nicht aus irgendeinem Grund, sondern weil du daran Freude hast. Freude an sich selbst zu haben ist gar nicht so einfach. Mit sich selbst zu sein, ebenfalls nicht. Wenn man diese Qualität jedoch einmal für sich entdeckt und sich dabei gut gefühlt hat, lässt es einen gar nicht mehr los. Es ist etwas so unendlich Kostbares, dir selbst diese Zeit zu schenken, dass du kaum noch darauf verzichten möchtest.

Deine ersten Erfahrungen in der Meditation:

Was ist dir sofort gelungen?

Wobei hast du dich schwergetan?

Was möchtest du künftig besser bzw. anders machen?

____

____

____

____

____

____

____

Störfelder beseitigen und dann geht's los

Es kann durchaus sein, dass die Meditation gestört wird. Am besten ist es natürlich, erst gar keine Störfelder aufkommen zu lassen. Dies können wir aber nicht bestimmen. Wenn uns eine ständige Gedankenflut beherrscht, der Nachbar damit beginnt, seine neue Bohrmaschine auszuprobieren, oder die Nachbarshunde um die Wette bellen, ist es meist aus mit der Ruhe.

Die meisten Menschen sind nicht geduldig und geben zu schnell auf. Wenn es dann auch noch zu heiß ist und uns ständig eine Fliege attackiert oder das Telefon läutet, wie soll man sich da konzentrieren? Dann könnte es schon sein, dass sich Unruhe oder sogar Aggressionen einstellen. Diese körperliche Reaktion muss aber nicht sein. Versuch, all dem keine Beachtung zu schenken. Bleib bei einem gewissen Punkt, bei der Atmung oder dem Mantra, und fahre mit der Meditation fort.

Du solltest auf gar keinen Fall aufstehen und aufgeben. Das Telefon kann man im Vorfeld abstellen, die Hunde nicht. Aber vergiss nicht, dass aller Anfang schwer ist. Meditation bringt dich zur Ruhe, und je öfter du sie ausübst, desto gelassener wirst du. Du wirst sehen, dass Fliegen, juckende Körperstellen oder Lärm von außen nicht mehr zu dir durchdringen können, wenn du die Meditation beherrschst. Du musst es dir nur zutrauen und bis dahin einfach versuchen, dich nicht aus der Ruhe bringen zu lassen. Die ersten Schritte zum Erfolg sind Beharrlichkeit.

Es ist natürlich möglich, dass du auch nach Wochen oder Monaten keine außergewöhnlichen Empfindungen hattest. Das ist aber nicht wichtig. Meditation ist kein Wettbewerb, sondern Erfrischung für den Geist. Vertrau darauf, dass es richtig ist. Erwarte nichts und setz dich nie unter Druck.

Erfolg und Meditation sind keine Freunde. Erfolg darfst du im Leben haben, an der Meditation lediglich Freude. Vergiss nicht die Regelmäßigkeit, denn sie ist dein Lehrer. Sich mehr und mehr ganz bewusst als Teil der allumfassenden Harmonie der Schöpfung zu erfahren, ist ein automatischer Prozess, der durch

Kontinuität erreicht wird. Gib dir Zeit, bis sich eine völlig entspannte und ruhige Haltung eingestellt hat. Sie wird auch in dein Leben einkehren und dort für Gelassenheit sorgen.

Meditationsanleitung

Die folgende Meditation soll dir die verschiedenen Möglichkeiten der Konzentration vor Augen führen und dir eine praktische Erfahrung vermitteln. Zum Einstieg habe ich sie auf den Körper ausgerichtet, um die bewusste Körperwahrnehmung zu schulen und gleichzeitig loszulassen. Das eine soll das andere nicht behindern, Körper und Geist sind nicht voneinander getrennt. Alles bildet eine Einheit, nichts existiert allein. Lies den Text vorher in Ruhe durch. Wenn du möchtest, kannst du ihn auf dein Smartphone sprechen und abhören. Oder du übst zusammen mit Freunden, und ihr wechselt euch beim Vorlesen ab.

- Ich suche mir für meine Meditation einen ruhigen Platz und nehme auf einem Stuhl eine angenehme Position ein, wobei ich die Wirbelsäule möglichst gerade halte.

- Ich spanne alle Muskeln meines Körpers gleichzeitig an und versuche, die Spannung für einige Sekunden zu halten. Danach lasse ich los und atme tief in mich hinein. Danach spanne ich noch einmal alle Muskeln an und halte die Spannung wiederum für einige Sekunden. Loslassen. Ich nehme die Entspannung meines Körpers bewusst wahr. Alle meine Muskeln sind nun ganz locker und gelöst.

- Nun schaue ich auf einen Punkt. Dabei konzentriere ich die Vielfalt meiner Gedanken auf diesen einen Punkt. Alles andere verschwimmt und rückt in weite Ferne. Es ist nur dieser eine Punkt, der zählt.

- Nun schließe ich die Augen und nehme ganz bewusst einen Platz in meinem Körper ein. Ich spüre den Stuhl unter mir und nehme auch meinen Körper bewusst wahr. Ich spüre, wie mich der Stuhl trägt, und werde eins mit ihm. Entspannt und gerade nehme ich meine körperliche Anwesenheit wahr. Gelöst und entspannt fühle ich mich wohl in meiner Haut. Ein Wohlgefühl durchströmt meinen Körper.

- Jetzt richte ich mein Bewusstsein auf meinen Atem. Ich beobachte meine Atmung und nehme wahr, wie sich Brust und Bauch bewegen. Sie bewegen sich wie sanfte Wellen, die am Ufer auslaufen und in die Stille übergehen.

- Während ich meinen Atem beobachte, lasse ich ihn tiefer werden. Ganz behutsam wird mein Atem tiefer und tiefer. Er entspannt mein ganzes System, und er fließt gleichmäßig. Ich atme ruhig und gleichmäßig. Ein angenehmes Gefühl der Geborgenheit hüllt mich ein. Ich lasse es geschehen. Ich erkenne, dass ich geatmet werde, und dass nicht ich es bin, der atmet.

- Nun bestimme ich die Qualität meines Atems, indem ich bewusst Ruhe, Gelassenheit, Gesundheit oder Licht einatme. Die Vorstellung ändert die geistige Qualität meines Atems und macht mich ruhig.

- Nun lenke ich meinen Atem in jeden einzelnen Körperteil, bis ich den ganzen Körper bewusst erlebe. Mit jedem Atemzug sinke ich noch einmal tiefer und tiefer und tauche in das wunderbare Gefühl von Ruhe und Entspannung ein. Friedlich und still lasse ich mich vertrauensvoll in die allumfassende Ordnung und Harmonie der Schöpfung hineinsinken. Ein tiefer Friede erfüllt mich.

- Jetzt lasse ich gezielt und völlig anstrengungslos alle Gedanken los. Alle aufkommenden Gedanken ziehen an mir vorbei. Ich interessiere mich nicht für ihren Inhalt und lasse nicht zu, dass sie mich aufwühlen und mir meine Aufmerksamkeit rauben. Die Aufmerksamkeit bleibt bei meinem Körper und bei meiner Atmung. Ich fühle Gelassenheit. Bei hartnäckigen Gedanken sage ich im Stillen: *Komm nach der Meditation wieder, und ich werde mich mit dir befassen.* Dann lasse ich die Gedanken gehen und fühle mich frei. Aufkommende Gedanken reduzieren sich, und es darf sich Gedankenstille einstellen. Ich bin ganz still und ruhe in der Mitte meines wahren Wesens. Ich fühle mich wohl und leicht. Ich bin ganz bei mir.

- Nun schaue ich meinen Körper an und nehme einzelne Körperteile und Organe wahr. Ich beginne bei den Füßen und empfinde, wie sie sich fühlen. Ich richte meine ganze Aufmerksamkeit auf meine Füße und achte auf alle Empfindungen. Dann lasse ich meine Füße bewusst los und gehe weiter zu den Beinen. Auch dort verweile ich, bis ich meine Beine bewusst wahrnehme. Mein Bewusstsein konzentriert sich auf meine Beine. Ich lasse alle Empfindungen bewusst zu und nehme sie wahr. Dann lasse ich auch meine Beine wieder los und gehe mit meinem Bewusstsein weiter durch meinen Körper. Bei jedem Körperteil oder Organ verweile ich so lange, bis ich es ganz bewusst wahrnehme.

- Empfindest du irgendwo einen Schmerz oder eine Spannung? Dann atme in diese Spannung hinein und lass die Spannung oder Druckstelle noch mehr hervortreten und deutlich werden. Versetz dich in den Schmerz oder in die Störung hinein und versuch zu verstehen, was dir dein Körper damit sagen will. Lausch in deinen Körper hinein, bis du die Botschaft verstehst. Wenn du weißt, was zu tun ist, fahr fort. Konntest du die Botschaft der Störstelle nicht eruieren, versuchst du es ein anderes Mal. Du kannst einen guten Gedanken, Licht oder Liebe an eine Körperstelle senden oder in ein Organ hineinatmen. Auch das ist eine wunderbare Erfahrung, die sehr heilsam sein kann. Möchtest du noch einen Schritt weitergehen? Dann reinige oder massiere die betroffenen Stellen mit deinem Geist. Bestreiche sie mit heilenden und lindernden Substanzen und Salben. Notfalls schneide weg, was stört, und schau anschließend nach, ob und wie sich die Situation verändert hat.

- Beende die Meditation, indem du jeden Körperteil mit Licht durchflutest, bis es überall licht und hell geworden ist. Dann läute innerlich mit einer Glocke. (Du kannst anschließend auch einen Gong oder eine Klangschale anklingen lassen.) Du hörst den silberhellen Ton der Glocke. Seine harmonische Schwingung macht deinen Körper locker und weich und weitet das Bewusstsein. Du fühlst dich rundum wohl. Verabschiede dich bei diesem inneren Licht und bedanke dich für die Führung. Segne deinen Körper und bedanke dich bei ihm für seine Unterstützung:

Danke, dass du mich durchs Leben trägst.

Danke, dass du immer für mich da bist.

Verzeih, wenn ich zu streng mit dir bin oder zu wenig Sorge für dich trage. Ich werde mich zukünftig mehr um dich kümmern und dir mehr Verständnis entgegenbringen und Zuwendung schenken.

- Meine Erfahrungen mit dieser Meditation:

Meditation ist die Sammlung von Körper, Seele und Geist an einem Punkt, also Klärung der Einheit in uns selbst, denn nur so ist die Einheit mit dem Schöpfer und mit dem Leben zu erfüllen. Und wenn wir Buddhas Gebot der Achtsamkeit befolgen, dann wird das ganze Leben zur Meditation. Er sagte: »Trachtet nach der Achtsamkeit, es ist der gerade Weg zur Erlösung.« Das heißt nichts anderes, als achtsam seinen Gedanken, seinem Körper und seinen Mitmenschen in allem Sein und Tun zu begegnen und alles, was wir tun, ganz zu tun.

Achtsamkeit ist Meditation, und Meditation ist Achtsamkeit. Wenn Meditation so verstanden wird, dann wird sie auch nicht zu etwas Künstlichem oder zu einer selbst auferlegten Pflicht. Ebenso wenig ist sie ein Geheimnis, das nur Eingeweihten zugänglich ist und dazu dient, besondere Fähigkeiten zu erlangen oder besondere Erlebnisse zu haben. Meditation ist für jeden, weil sich jeder nach Einswerdung und Einssein mit der Harmonie der Schöpfung sehnt. Dieses Einssein mit der Harmonie der Schöpfung schließt natürlich auch die Gesundheit mit ein, die unsere Vitalität und unser Wohlbefinden bestimmt.

Meditation ist Einssein.
Je mehr hier getan wird, desto weniger wird bewirkt.
Meditation ist ein Schweigen der Sinne,
der Gedanken, des Gefühls und Willens.
Meditation ist bewusstes Erleben der Einheit.

7. Das Know-how der Selbstverwirklichung

Durch Meditation können wir Selbsterkenntnis erfahren. Manch einer hat nach der Meditation nicht nur das Gefühl von Befreiung, sondern auch tiefe Einsichten erlangt. Selbsterkenntnis führt zur Selbstverwirklichung, und es lohnt sich, die folgenden Punkte genauer anzusehen und etwas in sich hineinzuschauen. Denn Selbsterforschung ist ebenfalls eine Form der Meditation, und wenn dabei eingefahrene Gewohnheiten, Fehlsichten oder überholte Standpunkte offenbar werden, werden sie gelockert. Sind sie gelockert, können sie sich irgendwann auflösen. Je mehr sich löst, umso einfacher wird die Meditation. Warum?

Weil all das, was uns behindert, genau dann an die Oberfläche drängt, wenn Ruhe einkehrt. Ob wir es nun Stille, Meditation oder Innenschau nennen – immer, wenn es ruhig um uns herum wird, wird es in uns laut. All das Unschöne, das wir nicht anschauen wollen, unter den Teppich gekehrt haben und am liebsten ignorieren, klopft bei uns an. Öffnen wir ihm die Tür, können wir ihm begegnen, und gleichzeitig verliert es seine Kraft und seinen Schrecken.

- Alles beginnt mit der *Suche*, ob bewusst oder unbewusst: *die wahre Meditation entdecken.*

- Alle sehnen sich nach *Selbsterkenntnis*, das ist unser Wesen: *meditatives Erkennen und Sein.*

- Wir alle haben *Ziele*, sie gehören zum Leben: *der Weg der Meditation.*

- *Richtiges Atmen* als Verbindung zu oben, zu sich selbst: *mittendrin in der Meditation.*

- In der Meditation erlaubt sind *Gedanken*. Nicht erlaubt ist Nachdenken: *Störfelder der Meditation.*

1. Die Suche

Selbstverwirklichung ist kein Ziel, es ist *ein Weg*, für den es viele verschiedene Wege gibt. Kein Weg gleicht dem anderen, alle unterscheiden sich voneinander. Und auch wenn mehrere Menschen die gleichen Methoden anwenden und über dieselben Vorlieben verfügen, so ist doch jeder Weg individuell. Uns allen ist aber gemeinsam, dass wir die Suche in die Wiege gelegt bekommen haben. Manche Menschen begeben sich früher auf die Suche, andere später. Diejenigen, die sich überhaupt nicht für Selbstverwirklichung interessieren, sind sich ihrer Suche lediglich nicht bewusst und kompensieren diese mit anderen Dingen.

Es gibt also niemanden, der sich nicht auf der Suche befindet. Jeder ist auf dem Weg. Und alle Wege haben den gleichen Anfang: die Suche. »Suchet, so werdet ihr finden«, heißt es in der Bibel. Das ist keine religiöse Floskel, sondern ein durchaus gut gemeinter und ernst zu nehmender Satz. Bevor du also Erkenntnis gewinnen und Erfüllung finden kannst, solltest du dich auf den Weg machen. Manche haben sich bei ihrer Suche auf einem Seitenpfad verirrt und sind dort stecken geblieben. Aber auch das ist in Ordnung, es ist auch nur eine Erfahrung.

Suchen sollte man da, wo man etwas finden kann – und das ist in sich selbst!

Suchen heißt, sich selbst zu finden, sein wahres Selbst zu erkennen. Die Wirklichkeit, das Wissen um unser wahres Selbst, ist in unserem innersten Wesen verankert. Somit kann jeder Suchende an dieser Wahrheit teilhaben. Auf diese Weise erkennen wir die Wirklichkeit hinter dem Schein. Wir erkennen die geistigen Gesetze, die unser Leben bestimmen, wenn wir das Nachdenken reduzieren. Mit dem Herzen lassen sie sich aufspüren, und diese Chance hat jeder. Auch du!

Suchst du? Bist du auf der Suche?

☐ JA ☐ NEIN ☐ WEISS NICHT

Wenn ja, wonach suchst du?

2. Selbsterkenntnis

Selbsterkenntnis spielt eine große Rolle, wenn es ums Erwachen geht. Auf der Suche nach dem richtigen Partner, nach Zufriedenheit, mehr Geld, einer glücklichen Familie, Gesundheit, mehr Lebensinhalt, Erfüllung etc. ist Selbsterkenntnis nicht nur hilfreich, sondern sogar notwendig.

Nachdem wir unser Bedürfnis nach Selbstverwirklichung erkannt haben und uns für die Wahrheit öffnen, streben wir ganz automatisch nach Selbsterkenntnis. Sie hilft uns dabei, gewisse Dinge anders und vor allem klarer wahrzunehmen. Sich über etwas klar werden bedeutet, unser Bewusstsein zu klären, es von den Einflüssen des Gemüts zu befreien und uns von Gedanken zu distanzieren.

Bist du bereit, deine Persönlichkeit aufrichtig anzunehmen, deine Stärken zu nutzen, deine Schwächen zu überwinden und dich völlig neuen Herausforderungen zu stellen?

☐ JA ☐ NEIN ☐ WEISS NICHT

Wenn ja, was macht dir Angst? Wo liegen deine Zweifel? Wo zögerst du?

Zweifel sind normal. Diese sollten wir uns zugestehen. Lassen wir sie jetzt hinter uns und beginnen wir damit, eine Persönlichkeitsbilanz zu erstellen. Auf der einen Seite steht das reale Ich, das ist die Person, die augenblicklich so fühlt. Auf der anderen bestimmst du dein ideales Ich, das du zu verwirklichen versuchst.

Das habe ich bereits als richtig erkannt:

Das möchte ich noch erkennen:

Folgendes bin ich bereit zu ändern:

____

____

____

____

____

Das möchte ich noch ändern:

____

____

____

____

____

Von folgenden Angewohnheiten verabschiede ich mich jetzt:

____

____

Folgende Gewohnheiten und Verhaltensmuster möchte ich noch lösen:

Wie kann ich mich in meiner Absicht bestärken? Was kann ich tun, damit ich von meinen Vorhaben und guten Vorsätzen nicht wieder abkomme? Wie kontrolliere ich die Änderung?

Das setze ich sofort um:

Das möchte ich noch umsetzen:

Es gibt unendlich viele Fragen, die man sich ehrlich beantworten sollte. Das ist keine Beschäftigungstherapie und auch nicht kindisch. Es geht wirklich darum, Nägel mit Köpfen zu machen und Selbstverwirklichung nicht weiter auf die lange Bank zu schieben. Der richtige Augenblick ist jetzt.

Auf was wartest du? Wenn du über etwas nachdenkst und deine Gedanken aufschreibst, ist bereits der erste Schritt getan. Es hat sich in deinem Unterbewusstsein verankert. Alle Fragen, die man sich ehrlich stellt und offen beantwortet, führen zu Erkenntnissen und mehr Klarheit für weitere Vorgehensweisen.

Wie soll ich mich verhalten? Was soll ich tun? Frag dich nicht, handle. Kremple die Ärmel hoch und los geht's. Ein innerer Schatz wartet darauf, von dir entdeckt zu werden. Selbstverwirklichung bedarf keiner Belohnung, sie ist bereits der größte Lohn.

3. Die Zielsetzung

Es stimmt, dass der Weg das Ziel ist, doch wir alle brauchen realistische Ziele. Sie verleihen uns das Gefühl von Beständigkeit und Ausdauer und geben uns einen Grund, nach vorn zu schauen. Der Mensch braucht etwas, woran er sich festhalten kann. Etwas, das ihm Antrieb verleiht und Mut macht.

Dabei hilft uns ein Lebensplan. Es ist sinnvoll, ihn in Etappen aufzuteilen. Das Endziel liegt in weiter Ferne. Sich ihm anzunähern gelingt leichter, wenn man sich langsam herantastet. Man setzt sich also immer wieder neue Ziele. Das hat den Vorteil, dass man sich jederzeit neu entscheiden kann. Wenn sich Bedürfnisse ändern, ändern sich auch die Ziele.

Das Leben ist wie ein Gewölbe, in dem sich immer wieder neue Räume erschließen, und erst wenn wir einen Raum hinter uns gelassen haben, wissen wir, was wir bereits geleistet haben und was noch auf uns wartet. Aber wir sollten nicht unser ganzes Leben verplanen, sondern uns auch überraschen lassen.

Lebenserfolg benötigt eine bewusste Lebensführung. Das beinhaltet, Verantwortung zu übernehmen. Auch wenn im Leben großteils Dinge geschehen, auf die wir keinerlei Einfluss nehmen können, so sollten wir doch bewusst und klar Entscheidungen treffen.

Denn das Leben folgt unseren Entscheidungen. Aber warum geschehen dann trotzdem so viele Dinge, die unangenehm sind und die wir am liebsten loswerden wollen? Weil wir uns an viele Ursachen gar nicht mehr erinnern können, sie unbewusst gesetzt oder bereits ins Leben mitgebracht haben. Aber dies ist eine andere Geschichte. Eine klare Zielsetzung ist ein wesentlicher Schritt zur Bewusstseinserweiterung.

Jetzt wollen wir überprüfen, wie weit du in deiner bewussten Lebenssteuerung vorangeschritten bist. Antworte spontan und denk nicht zu lang darüber nach, was du aufschreiben willst. Sollte dir eine Frage zu kompliziert sein und du willst sie aus dem Verstand heraus beantworten, dann geh zur nächsten Frage über.

Welche Wünsche, Träume und Sehnsüchte hast du? Wofür brennst du? (Hier sind mehrere Antworten möglich.)

Welche Ziele verfolgst du? (Notiere nur die, die für dich am wichtigsten sind und wirklich Priorität haben.)

Partnerschaft:

Beruf:

Gesundheit:

Finanzen:

Verwirklichung:

Spiritualität:

Sicherlich kennst du die Geschichte von Petrus, der an der Himmelstür die Menschen fragt, was sie in ihrem Leben versäumt haben. Welche Chancen sie nicht genutzt haben und wo sie nicht ihrem Gefühl gefolgt sind. Stell dir vor, du bist derjenige, der dort steht und über sein Leben berichtet. Was würdest du sagen? Was hast du bis jetzt versäumt? Was hättest du gerne gemacht? Wozu hattest du nicht den Mut?

Wir können das Leben jederzeit ändern. Für Verwirklichung – weder für die Verwirklichung von Wünschen oder von sich selbst – ist es niemals zu spät. Vor der Himmelstür ist es aber zu spät, um noch etwas ändern zu wollen. Denk daran, du bist hier, um dich zu verwirklichen, und nicht, um anderen zu entsprechen und zu gefallen. Löse dich von Abhängigkeiten und Bindungen und leb deine Wünsche jetzt, denn morgen kann es eventuell schon zu spät sein. Du hast es sicher auch schon erlebt, dass im Bekanntenkreis plötzlich jemand verstorben ist. Gestern war er noch gesund, heute ist er nicht mehr da. Du weißt nie, wann das Leben endet, deshalb: *Nutze deine Chance. Lebe jetzt!*

Ich bin vielen Menschen begegnet, die sehr unglücklich waren. Wenn ich sie gefragt habe, was sie gern machen würden, haben sie immer etwas ganz anderes erzählt, als sie tatsächlich taten.

Wenn ich sie gefragt habe, warum sie es nicht tun, gab es viele Antworten. Einige davon waren: *Ich traue mich nicht. Mein Mann oder meine Frau möchten das nicht. Ich muss auf die Kinder Rücksicht nehmen. Was werden die Leute dazu sagen? Was ist, wenn es schiefgeht? Mir fehlt der Mut. Mir fehlen die finanziellen Mittel.*

Am häufigsten habe ich gehört: *Das mache ich dann, wenn ich im Ruhestand bin.* Viele Menschen hatten aber noch mehr als 20 Jahre bis zur Pensionierung. Und traurigerweise leben einige davon schon nicht mehr. Wann willst du dein Leben verwirklichen: Im Grab? Im nächsten Leben? Es ist schon eigenartig, dass wir unser Leben immer als etwas Selbstverständliches verstehen. Wir gehen gar nicht davon aus, dass sich schon morgen etwas ändern könnte.

Eine Bekannte von mir wollte unbedingt den Jakobsweg gehen. Viele Jahre sprach sie davon, dann bekam sie Probleme mit ihren Füßen und Gelenken. Jetzt kann sie sich den Jakobsweg im Fernsehen anschauen oder auf YouTube. Es ist nicht falsch, wenn man Dinge versäumt, aber auch nicht empfehlenswert, sie auf die lange Bank zu schieben. Träume sind da, um gelebt zu werden, und da wären wir wieder bei der Meditation.

Träume zu leben hat auch etwas Meditatives. Etwas Wahrhaftiges. Ich möchte sogar behaupten, dass es meditative Verhaltensweisen gibt, träumerische und selbstzerstörerische. Zu den meditativen Verhaltensweisen gehört ein guter Umgang mit Gedanken und Taten. Eine träumerische Verhaltensweise lebt in der Vergangenheit oder in der Zukunft. Und bei der selbstzerstörerischen Verhaltensweise schenkt man sich selbst keine Beachtung, übergeht sich und läuft nur dem Erfolg und der Befriedigung von Leidenschaften hinterher.

Die folgenden Fragen darfst du dir selbst stellen. Versuche, sie nicht träumerisch oder selbstzerstörerisch zu beantworten, sondern meditativ.

Wir sind uns immer dessen bewusst, was wir noch nicht erreicht haben, aber wir haben schon sehr viel errungen. Schreib auf, was du bereits alles geschafft hast und welche Ziele du verwirklichen konntest. Nenne nur die vier wichtigsten Ziele:

Welche Glaubenssätze stören dich in deiner Verwirklichung? (Beispiele: Das kann ich nicht. Das schaffe ich nicht. Das ist etwas für die anderen. Das funktioniert ohnehin nicht. Ich bin zu schwach. Ich habe das Durchhaltevermögen nicht.)

____

____

____

____

____

Du bist nicht allein auf dieser Welt. Du begegnest immer wieder Menschen, die dir behilflich sind. Vielleicht verfolgen sie sogar dasselbe Ziel wie du. Deshalb sei offen und nimm Hilfe an. Viele Menschen schaffen mehr als ein Einzelner. Sei dir dessen bewusst und ein Teamplayer. Wenn du ein Einzelgänger bist, solltest du deinen Standpunkt und deine Sichtweise überprüfen. Vertrau darauf, dass jemand in dein Leben treten wird, der nicht nur hilft oder dir den Rücken freihält, sondern dich in deinen Stärken unterstützt. Jemand, der an dich glaubt und deine Zweifel, Sorgen und Ängste zwar verstehen kann, sie aber widerlegt. Jemand, der dich großartiger wahrnimmt als du dich selbst. Ihr könnt Erfahrungen austauschen oder euch gegenseitig helfen oder euch ergänzen.

Schließ kurz die Augen und nimm eine meditative Haltung ein. Spüre, wie sich deine Wünsche und Ziele anfühlen, deine Zweifel und deine Überzeugungen.

4. Richtiges Atmen

Ohne Atmen gäbe es dich nicht. Auch nicht ohne Bäume. Sauerstoff ist lebensnotwendig und unsere Lebensgrundlage. Es mag dir ungewöhnlich erscheinen, dass ich beim Thema Selbstverwirklichung der Atmung so viel Aufmerksamkeit schenke. Es geht aber nicht um die Atmung an sich, sondern um richtiges Atmen. Es unterstützt uns nicht nur bei der Meditation, sondern auch auf dem Weg zum Selbst.

Vielleicht denkst du, dass Atmen etwas Selbstverständliches ist und jeder Mensch es instinktiv richtig macht. So ist es aber nicht. Atmen ist tatsächlich eine Kunst. Werfen wir einen Blick ins Tierreich: Die Geschöpfe werden in Tiere mit kurzem und mit langem Atem unterteilt. Die Kleintiere, die eine kurze Lebenserwartung haben, sind sogenannte kurzatmige Lebewesen. Ihr Herzschlag ist sehr schnell und verfügt über eine längere Lebensdauer. Ihr Herzrhythmus ist ruhig. Die Tiere mit dem langen Atem sind gelassen, die mit dem kurzen Atem haben schneller Stress. Tiere leben im Rhythmus der Natur und haben uns eins voraus: Sie haben absolutes Vertrauen in das Leben und sind im Einklang mit sich selbst. Sie leben im Augenblick und fürchten nicht um ihre Existenz oder das Verhungern, sondern geben sich dem Lauf der Natur hin. Von ihnen können wir viel lernen.

Auch unter den Menschen gibt es unterschiedliche Typen, was die Atmung betrifft. Menschen, die schnell und kurz atmen, neigen zu Nervosität, Unruhe und Hektik. Diejenigen, die über viel Gelassenheit und Ausgeglichenheit verfügen, sind die Langatmigen unter ihnen.

Du kennst das bestimmt auch: Etwas belastet oder stresst dich, und deine Atmung wird schneller. Atme erst einmal tief durch! Das entspannt dich und hat eine meditative Wirkung. Im Gegensatz dazu gibt es Augenblicke, wo einem förmlich die Luft wegbleibt. Die Atmung ist also absolut im Einklang mit den Gefühlen und reagiert darauf, ohne dass wir bewusst Einfluss darauf nehmen. Ruhige Tiefenatmung besänftigt das Gemüt, stärkt Körper und Geist und führt zur Klärung. Es entsteht ein Fluss, ein natürlicher Prozess, der sich auf das Leben einlässt und es einfach geschehen lässt.

Bei unterschiedlichen Kampfsportarten und im Yoga wird besonders viel Wert auf die Atmung gelegt. Man sagt: Der Atem führt die Bewegung. Da bedeutet, dass uns der Strom des Atems in die Bewegung führt. Durch die richtige Atmung geschieht Bewegung.

Wenn wir durch gewisse Übungen unsere Atmung in Ordnung bringen, kommt auch unser Innenleben ins Gleichgewicht. Atmung ist die Verbindung nach oben, zu Gott. Die Selbstverwirklichung mündet in Gott. Deshalb: Achte auf deinen Atem, und wenn du möchtest, besorg dir Fachliteratur über verschiedene Atemtechniken oder das richtige Atmen an sich.

Wie würdest du deine Atmung beschreiben?

____

____

____

____

____

Ist dir bewusst, dass sich deine Atmung auf dein Leben auswirkt? Wenn ja, was konntest du entdecken?

____

____

____

____

____

____

5. Gedanken über Gedanken

Wer kennt das nicht? Hinsetzen, Augen schließen und los geht's. Schon hat der Verstand Vorschläge parat, Kochrezepte, Einkaufszettel oder auch Kritik. Wie bereits gesagt, bringt es nicht viel, Gedanken zu verscheuchen, denn sie kommen immer wieder. Warum? Es gibt so viele davon. Gedanken sind Kräfte, das weiß in der Zwischenzeit jeder. Es ist eine Kraft, die unser Leben bestimmt. Es heißt nicht umsonst, dass jede Handlung ihre Ursache in einem Gedanken hat. Das ist eine Tatsache.

Wer heute einen Gedanken sät, erntet morgen die Tat, übermorgen die Gewohnheit, danach den Charakter und dann sein Schicksal.

Du kennst ja die berühmte Geschichte vom Glas: Es ist entweder halb voll oder halb leer. Das kann man sehen, wie man will. Wie wir über die Dinge denken, sagt viel über unsere Veranlagung oder Artung aus. Wie sind wir geartet? Wie bist du geartet? Denkst du positiv? Denkst du alles tot? Gibst du Gedanken vielleicht gar keine Aufmerksamkeit? Siehst du alles negativ? Optimisten und Pessimisten haben eines gemeinsam: Sie denken.

Stell einen Aufpasser vor das Gedankentor. Ob du in die Meditation versunken bist oder deinen alltäglichen Aufgaben nachgehst, bewacht er dieses Gedankentor, damit nur Gedanken hineingelangen, die dich nicht belasten.

Die unguten Gedanken können draußen bleiben. Gelingt dies nicht, dann unterscheide nicht zwischen guten und schlechten Gedanken, sondern behandle alle gleich. Alle Gedanken sind willkommen, aber keiner wird bevorzugt oder benachteiligt. Das heißt, dass sie unbeachtet bleiben. Sie dürfen kommen und gehen, aber nicht bleiben.

Wer meine Bücher kennt, kennt vielleicht die hilfreiche Methode der Tagesrückschau. Auch das kann man als eine Art Meditation ansehen. Du lässt abends den Tag Revue passieren und fragst dich: Was hätte ich besser machen können? Wen habe ich verletzt? Was habe ich versäumt? Wovon habe ich zu viel und wovon zu wenig gemacht?

Manche Menschen empfinden die Tagesrückschau als zu anstrengend. Wenn du dich dabei anstrengen musst, machst du etwas falsch. Es geht nicht darum, jedes Detail nachzuempfinden. Wenn du dich fragst, was du hättest anders machen können, werden Bilder, Gefühle und Gedanken auftauchen, die dir zeigen, was vielleicht schiefgelaufen ist. Lenk deine Aufmerksamkeit auf das, was als Erstes erscheint. Such nicht nach Fehlern, sondern gleiche Disharmonien aus, indem du in deinem inneren Bild die Situation korrigierst – du siehst sie vor dir und erlebst sie einfach um. Das ist kein großer Aufwand und geschieht in wenigen Sekunden. Gib dich dieser Übung hin und geh dann in die Meditation. Schreib auf, was du heute deiner Meinung nach anders oder besser hättest machen können.

Handlung/Situation:

Wie lebst du diese Handlung um oder hast du sie schon umerlebt?

Du kannst diese meditative Form der Psychohygiene auch zwischendurch durchführen. Du musst also nicht warten, bis es Abend wird. Bereinige Geschehnisse, die in dir ein ungutes Gefühl ausgelöst haben, ändere die Handlung oder die Situation so weit um, dass das Gefühl für dich stimmt, und dann lässt du los. Auf diese

Weise kannst du dich von deinem Gefühlsballast befreien, denn er behindert dein klares Denken. Und wer unklar ist, tut sich schwer, meditativ zu sein.

6. Meditation

All diese Punkte tragen dazu bei, dich für die Meditation zu öffnen. Und ich spreche hier nicht nur von einer praktischen Übung, sondern vom Leben. Von der wahren Meditation. Erkenne dein wahres Selbst – und das wahre Selbst ist Stille. Um die Wirklichkeit hinter dem Leben zu entdecken, sollten wir uns während der täglichen Meditation völlig zurücknehmen und allen Eindrücke, die von außen oder von innen wahrnehmbar sind, »entsagen«. Innen- oder Außenleben sollen uns den Augenblick nicht erschweren. »Entsagen« ist kein Rückzug vom weltlichen Leben, sondern geschieht, wenn aus dem Loslassen Seinlassen wird. Alles ist gut, wie es ist.

Welche Erkenntnisse hast du aus den fünf Punkten der Selbstverwirklichung gewonnen? Worin kannst du dich verbessern, wo neu orientieren?

Hörst du den Ruf?

Je weniger wir in der Meditation spüren, umso besser ist das. Wir sind es wohl so gewohnt, dass wir etwas sehen oder spüren müssen, um Erfolge zu messen. Meditation lässt sich aber nicht »messen«, und das, was sich zeigt, sollte nichts Vordergründiges sein.

Du bemühst dich vielleicht, etwas zu fühlen. Andere sehen Licht oder werden von einem Energiestrom erfasst – und bei dir tut sich nichts? Man könnte das folgendermaßen erklären: Mit der Meditation betreten wir Neuland. Die Sinne müssen sich erst einmal beruhigen. Alles, was wir über die Sinne wahrnehmen, beschränkt sich auf die Ebene der Materie.

Die wahre Meditation geht aber weit über die Sinne hinaus und lässt sich nicht greifen, denn wer sich über die Sinne erhebt, ist nicht mehr mit Erfahrungen verknüpft. Erfahrungen betreffen immer das Ego. Wer aber in das eine Selbst eintaucht, lässt dieses Erfahrungsfeld hinter sich und erfährt oder sieht Licht nicht – er wird selbst zu Licht.

Bei der Innenschau bemerken wir erst, wie viele überflüssige Gedanken uns begleiten. Der menschliche Geist ist gefangen in seiner eigenen Gedankenwelt, und von diesen Welten gibt es viele. Jeder Mensch hat seine eigene Welt, in der er unaufhörlich denkt. Denken bringt Unruhe ins System und führt zu Spannungen. Aus diesem Grund meditieren wir, sprechen Affirmationen oder betreiben Yoga, damit es im Kopf still werden kann.

Stillwerden ist viel mehr als einfach nur nichts denken: Erst wenn wir still werden, nähern wir uns unserer Innenwelt. Mit Stillwerden meine ich nicht den Lärm da draußen, sondern den Lärm in unserem Kopf. Aber das ist schlussendlich dasselbe. Die Welt existiert in unserer Vorstellung, und jeder Mensch jagt anderen Vorstellungen nach. Jeder einzelne Mensch ist restlos überzeugt von seinen persönlichen Vorstellungen und glaubt, das sei die Wirklichkeit. Das führt zu unzähligen Missverständnissen, weil jeder sein individuelles Kopfkino für absolute Realität hält.

Dieses Durcheinander im Kopf ist aber nicht so schlimm, weil wir alle gleichermaßen davon betroffen sind. Bei unserer Geburt sind wir noch völlig unbelastet. In der Kindheit dürfen wir einige Jahre lang spontan und ausgelassen sein. Doch das ändert sich, wenn deine Eltern dich auffordern, von dir selbst in Ich-Form zu sprechen: Es heißt nicht »Mia will die Schaufel haben«, sondern »Ich will die Schaufel haben«. Schon sind wir in diesem Programm gefangen, mit unserem Körper identifiziert zu sein und das Leben aus der Perspektive von Mia zu betrachten. Vorher waren da Pius, Regina und Kurt – plötzlich heißen alle »Ich«. Das Ich rückt an die erste Stelle und erlebt sich als Zentrum des Geschehens. Doch nicht der Körper, sondern unsere Quelle ist das Zentrum des Geschehens.

Wir erinnern uns nicht mehr an die unbeschwerte Zeit, die wir während der ersten Lebensjahre genießen durften. Hier durften wir sagen, was wir denken, tun, wonach uns war, und schreiend durch die Gegend laufen. Und wie ist es heute? Sagst du, was du denkst? Tust du das, wonach dir zumute ist, und läufst du lauthals jubelnd aus der Wohnung hinaus, wenn dir etwas Wunderbares widerfahren ist? Wohl eher nicht. Erwachsene müssen sich benehmen, Kindern sieht man ein derartiges Verhalten nach.

Doch in uns ist dieses innere Kind, das sich nach Unbeschwertheit sehnt. Es ist sehr verletzt, sehr enttäuscht, fühlt sich vernachlässigt, zurückgestoßen, betrogen und belogen. Wir haben es seiner Freude beraubt. Das hört sich zwar sehr dramatisch an, aber irgendwie ist es das auch. Wir können jederzeit zu unserem eigentlichen Kern zurückfinden – und die Meditation unterstützt uns dabei. Ich möchte noch einmal darauf hinweisen, dass du dich nicht vom Begriff »Meditation« irritieren lassen solltest, wenn du es ablehnst. Es geht nicht um eine Entfremdung von der Welt. Ob Meditation, Stille, Innehalten, Entspannen oder Loslassen – alles führt dazu, deine Unbeschwertheit wiederzuerlangen.

Mit dem Herzen können wir hören, dass wir gerufen werden. Die Ohren sind nicht dazu gedacht. Sie filtern die Geräuschkulisse im Außen, der innere Ruf aber lässt dich auf emotionaler Ebene wissen, dass jetzt Handlungsbedarf ist. Es ist Zeit, etwas zu verändern. Es ist Zeit, sich selbst Zeit zu schenken. Es ist Zeit, sich von der Zeit zu verabschieden und losgelöst in ihr zu verweilen. Dieses Verweilen ist aber keine Untätigkeit, sondern die volle Präsenz deiner selbst. Du gibst alles. Du gibst immer dein Bestes. Du tust, was du kannst, und gibst nie auf. Du weißt, dass alles zu deinem Besten ist, und du lässt dich nie mehr aus der Ruhe bringen. Ganz gleich, was passiert, alles hat seine Richtigkeit. Ob dich jemand verurteilt, der Computer wieder einmal streikt, eine hohe Rechnung ins Haus flattert oder dir jemand den Parkplatz wegnimmt: Du reagierst nicht mehr, sondern beobachtest. Niemand hat dir deinen Parkplatz weggenommen, es hat jemand auf diesem Parkplatz parken müssen, um zu sehen, wie es um deine Nachsicht steht, ob du Geduld hast oder immer noch aufbrausend und zornig bist. So könnte man das sehen, denn sieht man es so, werden die Dinge leichter.

Ich habe in einigen Büchern über den Ärger geschrieben, und es gibt unzählige andere Texte, die dasselbe sagen: Ärger schadet nur dir selbst. Du ärgerst dich über jemanden, und die schlechten Gefühle bleiben nur an dir hängen. Mit deinem Umfeld hat das rein gar nichts zu tun. Auch wenn ein anderer Mensch der Auslöser war – *du* hast dich persönlich betroffen gefühlt. Wer sagt, dass du das tun musst? Lässt es dein Ego nicht zu, dass Dinge anders laufen, als du es gern haben möchtest? Dann ändere deine Meinung!

Einsicht und Innehalten helfen dir weiter. Setz dich, schließ die Augen und sei einfach nur du selbst. Du musst nichts tun, dich nicht anstrengen und auch nichts wissen, du kannst einfach nur mit dir selbst im Raum sein. Und das ist ganz bestimmt nicht einfach, auch wenn es so klingt. Es ist eines der schwierigsten Dinge, mit sich selbst Zeit zu verbringen und sich selbst zu genügen. Immer dann, wenn es still in uns wird, vermehren sich die Gedanken, und Gefühle gesellen sich hinzu.

Auch unangenehme Emotionen zeigen sich, wenn wir innehalten. Solange wir in Bewegung sind und uns ständig von uns selbst ablenken, können wir sie elegant in den Hintergrund drängen. Doch Verletzungen können nur ausheilen, wenn wir sie uns ansehen. Das mag unangenehm sein und niemand wünscht sich, freiwillig Zeit mit seinen Verletzungen und mit seinem Schmerz zu verbringen. Auch will sich keiner gern mit seiner Angst auseinandersetzen und schon gar nicht mit Schuldgefühlen. Aber wir müssen diese tief sitzenden Belastungen gar nicht analysieren und auch nicht auflösen, sondern dürfen einfach beobachten, was geschieht, wenn wir sie zulassen. Zulassen bedeutet, sein lassen. Wir müssen sie nicht loslassen, sondern wir beobachten, was geschieht, wenn wir gezielt der Angst ins Auge schauen. Wer das tut, wird überrascht sein, dass die Angst sich nicht nur abschwächt oder verschwindet, sondern auch ihre dramatische Seite verliert.

Woraus besteht Angst? Nimmt man es wortwörtlich, könnte man sagen »aus fünf Buchstaben«. Ganz so harmlos ist Angst nicht, weil wir ja Erinnerungen mit ihr verbinden und sie als real betrachten. Wir fühlen uns betroffen oder angegriffen. Deshalb ist es wichtig, sich nicht an konkrete Ereignisse zu erinnern, sondern hinzusehen, wenn sich Angst einstellt. Es mag ein ungutes

Gefühl sein, aber du bist in Sicherheit. Bitte vielleicht einen Menschen hinzu, dem du vertraust.

Essenz der Meditation

- Innere Einkehr beginnt bei der Konzentration auf das, was jetzt ist.
- Der Augenblick steht im Fokus.
- Du beobachtest, was kommt und geht.
- Du beobachtest dich selbst. So wirst du Zeuge deines Lebens.
- Fokussiere dich auf deinen Atem.
- Der Atem hilft dir dabei, bei der Sache zu bleiben. Das stärkt dein Durchhaltevermögen.
- Geduld führt dich bis ans Ziel. Ungeduld wird vom Leben bestraft.
- Du erkennst deine Stärken und Schwächen.
- Du kannst Illusionen von Wahrheit unterscheiden und wirst dadurch authentisch.
- Du erkennst deine Denkmuster und löst dich von ihnen.

- Du erkennst, dass Wünsche eigentlich nur eines aussagen: Du bist mit der momentanen Situation nicht zufrieden. Wer zufrieden ist, muss sich nichts mehr wünschen. Durch Wünsche deckst du Mangeldenken und Mangelbewusstsein auf.

- Vielleicht führt das schon jetzt dazu, dich mit dem zu genügen, was ist. Dir selbst genügen.

- Loslassen geschieht durch Seinlassen. Loslösung bezieht sich nie auf die Materie, die dich umgibt, sondern auf deine Persönlichkeit.

- Vielleicht schwant dir jetzt schon, dass du gar nicht diese Persönlichkeit bist, für die du dich hältst.

- Das Körperbewusstsein verabschiedet sich. Du bist zwar noch voll da, bist aber völlig losgelöst und frei.

- Du wirst nachsichtiger mit dir selbst und deinen Mitmenschen.

- Du stellst dich nicht mehr an die erste Stelle, sondern lebst für das Wohl aller Lebewesen.

- Du spürst, dass es keine Trennung gibt, und wirst immer bewusster.

- Vergänglichkeit bekommt eine andere Bedeutung, denn alles, was bisher wichtig war, tritt in den Hintergrund.
- Du genießt das Leben in vollen Zügen und hegst keine Absicht mehr.
- Du erlaubst dir selbst, so zu sein, wie du bist, und weißt, dass du vollkommen bist.
- Du erlebst die Welt als etwas Schönes, das dich aber nicht mehr vereinnahmt und beeinflusst.
- Die Sehnsucht nach Ruhe und Stille manifestiert sich auf unsichtbarer Ebene. Du bist frei.

Vielleicht geht dir dieses Kapitel nahe. Es trifft den Nagel auf den Kopf, es fasziniert dich oder schreckt dich ab. Vielleicht siehst du manches, was ich geschrieben habe, aber auch ganz anders. Sieh dir an, wie du dazu stehst. Meine Sichtweise ist nicht besser als deine, sie ist nur anders.

Beschreibe deine Sichtweise in Bezug auf dieses Kapitel:

Folgendes sehe ich ganz anders (begründe, warum):

Hier bin ich der gleichen Meinung:

Dieser Ansatz hat mir gutgetan (begründe, warum):

Es liegt mir viel daran, Folgendes zu realisieren und mit dem Herzen zu erfassen, um es in mein Leben einfließen zu lassen:

8. Meditative Einleitung zur Vertiefung der Entspannung

Vor der Meditation

Ich empfehle dir, folgende Sätze laut zu lesen und jeden einzelnen Satz nachwirken zu lassen. Sprich den Text laut und zeichne es mit dem Smartphone auf. So kannst du den Text jederzeit abhören, aber bitte nicht beim Autofahren, sondern nur, wenn du nicht abgelenkt bist. Aber vorerst genügt es vollkommen, die Sätze laut, bewusst und bedacht zu lesen. Du wirst feststellen, dass sie sich positiv auf dein Gemüt auswirken werden. Je nach Lust und Laune kannst du den Abschnitt mit eigenen Sätzen ergänzen, die dich besonders berühren und zu dir sprechen, die dein Herz öffnen und dich absolut ruhig machen.

Wenn dir der Text gefällt, findest du im Internet oder in unserem Shop der IAW (www.iadw.com) zahlreiche weitere geführte Meditationen, Affirmationen und Suggestionen.

Entspannung im Wald

Ich bin ruhig und gelassen, gelassen und ruhig.

Ich spüre die wohltuende Ruhe und Gelassenheit.

Ich bin offen und bereit, um den Weg zu einer neuen Erkenntnis zu beschreiten.

Ich spüre, dass ich mich für Einsichten öffne.

Ich bin auf dem Weg, Dankbarkeit zu leben.

Auf diesem Weg öffnet sich eine neue Dimension, die ich dankbar und freudig begrüße.

Ich bin ein Teil dieser Kraft.

Ich fühle mich wohl und geborgen.

Ich bin ein Teil dieses *einen Bewusstseins*.

Ich atme gleichmäßig ein und aus und richte mein Bewusstsein ganz auf den Rhythmus meines Herzens aus.

Mein Atem gleicht sich dem Rhythmus meines Herzens an.

Ich bin der/die, der/die ich bin. Ich bin der/die, der/die ich bin. Ich bin der/die, der/die ich bin (verhallend).

Jedes Mal, wenn ich ausatme, lasse ich ein Stück von meinem Alltag los.

Je mehr ich loslasse, desto tiefer gleite ich ins Zentrum meines wahren Seins.

Diese All-Kraft führt mich an eine Lichtung in den Wald.

Ganz klar erlebe ich, wie sich die Weite der Natur vor mir öffnet.

Ich spüre den weichen Boden unter meinen Füßen und den Wind auf meiner Haut.

Das Rascheln der Blätter verzaubert mich.

Ich spüre, dass ich mit der Natur eins bin.

Als Bewusstsein einer unendlichen Kraft bin ich mit dem Universum verbunden.

Ich fühle, wie dieses bewusste Großsein mir Freude und Kraft verleiht.

Ich bin reines, klares Bewusstsein.

Ich höre das Zwitschern der Vögel, und mein Körper entspannt sich.

Ich falle immer tiefer und tiefer und tauche ganz in mich ein.

Ich lasse es geschehen im Strom der Ewigkeit.

Ich erblicke eine hohe Tanne, die sich elegant und würdevoll im Wind bewegt.

Ich sehe ihr dabei zu, wie sie sich hin- und herwiegt.

Ich genieße die Stille des Waldes.

Der Wald ist ein vollkommenes Bild der Harmonie in Bewegung und doch von einer sonderbaren Stille umgeben.

Ich schaue in den Himmel und erblicke die Sonne, die über mir strahlt. Ihr reines, weißes Licht strömt auf mich herab und wärmt mich auch von innen.

Das Licht durchflutet und reinigt jede Zelle meines Körpers.

Ich spüre ganz deutlich, wie ich voll und ganz aufgeladen werde und neues Leben in mir erwacht.

Ich spüre, wie dieses kraftvolle Licht meinen ganzen Körper umhüllt.

Das reine, weiße Licht umhüllt meinen Körper wie ein langer, schützender Mantel.

Der Augenblick schenkt mir Zuversicht, Sicherheit und Geborgenheit.

Ich bin dem Leben dankbar und genieße ein erfülltes Dasein.

In dieser Fülle von Licht wachse ich geistig und seelisch von Tag zu Tag (dreimal wiederholen).

Ich bin jetzt offen und bereit, die Inhalte und Energie in mein Leben einfließen zu lassen.

Ich fühle mich glücklich und befreit.

Ein harmonischer Frieden erfüllt mich und alle Wesen in tiefer Dankbarkeit.

Einstimmung für den Tag

Guten Morgen, lieber Tag. Ich begrüße dich. Positive Energien durchströmen meinen Körper und bereiten mich für meine Aufgaben vor. Ich gebe mein Bestes, damit der Tag seine Erfüllung findet. Meine Aufgaben erledige ich mit Freude und nehme sie dankbar an. Es gibt nur sinnvolle Aufgaben, an denen ich wachsen kann.

Lebensfreude, Harmonie und Humor weichen nicht von meiner Seite. In schwierigen Situationen denke ich an die guten Momente in meinem Leben. Sie sind es, die überwiegen. So bin ich dankbar, dass ich den Tag selbst bewerkstelligen kann und neue Einsichten gewinne. Ich atme tief und harmonisch ein und aus. Ich genieße den Augenblick und freue mich auf das, was kommt.

Einstimmung für die Nacht

Danke, lieber Tag, dass ich so viel erfahren durfte und mit meinen Händen so viel erschaffen habe.

Danke, dass der Tag heute so gut gelaufen ist.

Danke, dass ich heute nicht krank geworden bin.

Danke, dass ich so viele schöne Begegnungen hatte.

Danke, dass ich meine Arbeit verrichten durfte und sie mir so viel Freude bereitet hat.

Danke, dass ich so gute und wertvolle Nahrung zu mir nehmen durfte.

Danke, dass du Menschen in meinem Leben bei ihren Schwierigkeiten geholfen hast.

Danke, dass für mich so gut gesorgt ist und es mir an nichts fehlt.

Formuliere einige Sätze, die auf deinen Tag und deine Erfahrungen zutreffen:

Affirmationen für den Tag

Heute nehme ich mir Zeit, mich meinen Bedürfnissen zu widmen.

Heute werde ich all das, was ich nicht ändern kann, liebevoll umarmen.

Heute werde ich zu meinen Mitmenschen besonders zuvorkommend und freundlich sein.

Heute werde ich eine gute Tat vollbringen und einen Menschen glücklich machen.

Heute schenke ich mir Zeit für mich.

Heute werde ich meine Gedankenflut im Zaum halten und auf mein Herz hören.

Affirmationen vor dem Einschlafen

Ich bin erfüllt von diesem kraftvollen Tag und freue mich auf einen tiefen und entspannten Schlaf.

Ich genieße diese wunderbare Ruhe und Gelassenheit, der ich mich nun hingeben darf.

Auch während des Schlafes ruhe ich jetzt in der Mitte meines Seins und bin dem Leben dankbar.

Ich schlafe tief und fest, und alles mündet harmonisch in tiefen Frieden und Dankbarkeit.

Ich danke dem Leben für alles und schlafe jetzt tief und fest.

Morgen wache ich freudvoll, gesund und glücklich auf.

Gedankenstille, Einklang und Harmonie

Folgende Sätze sorgen für mehr Ruhe und Gelassenheit. Sie lenken dich von deiner Gedankenflut ab und führen dich in den Augenblick. Wann immer du abschalten möchtest und keine Lust hast, dich in die Meditation zu versenken, lass folgende Sätze auf dich wirken:

Ab heute werde ich meine Gedanken, Worte und Handlungen auf eine positive Wirkungsweise einstellen.

Da meine Gedanken mein Schicksal formen, säe ich positive Gedanken und ernte ein erfülltes Leben.

Der Tag wird wundervoll, weil ich wundervoll bin.

Ich bin geführt und beschützt auf all meinen Wegen. Dessen bin ich mir bewusst.

Ich freue mich auf einen Tag ohne Kummer und Sorgen. Sollte sich etwas querstellen, nehme ich es liebevoll an.

Ich glaube an mich und vertraue mir. Mein inneres Selbst führt mich zum Erfolg. Was immer erfolgt, ich nehme es dankbar an.

Ich öffne mein Herz der Fülle und Schönheit des Lebens, damit sich mein Geist beruhigt und mit harmonischen Gedanken erfüllt.

Ich spüre Ruhe und Gelassenheit und nehme sie mit in den Tag.

Ich vertraue mir und danke für die wunderbaren Erkenntnisse in meinem Leben.

Ich werde andere nicht mehr kritisieren oder belehren. Ich bin mir bewusst, dass durch das Gesetz von Ursache und Wirkung ohnehin alles auf mich zurückfällt.

Mein positives Verhalten und Denken harmonisiert mein Leben und färbt auf mein Umfeld ab.

Meine in mir schlummernden Fähigkeiten dürfen sich heute vollumfänglich entfalten.

Meine neue geistige Einstellung zum Leben ist von Mut und Zuversicht begleitet.

Selbstsicherheit und Selbstvertrauen stellen sich ein, denn ich bin erfüllt von Vertrauen.

Was auch immer heute kommt, ich freue mich darauf.

Ich genieße diesen heilenden harmonischen Strom, der meinen ganzen Körper durchströmt.

Meine eigenen Glaubenssätze, Affirmationen und positiven Gedanken:

Zielklarheit und Erfolg

Erfolgsbewusste Worte und Handlungen begleiten mich durch den Alltag.

Meine Gedanken richten sich auf Erfolg aus und fördern meine Ziele.

Wohlwollende und aufbauende Gedanken sind Grundbausteine für Erfolg, an die ich mich mehrmals am Tag erinnere.

Eine aufrechte und erfolgsbewusste Haltung formt nicht nur meinen Erfolg, sondern bereichert mich auch.

Ich denke und arbeite stets positiv und halte mir das Ziel vor Augen, damit sich Erfolg einstellen kann.

Was auch immer ich tue, ist beseelt von Glück und Harmonie.

Ich bin eins mit dem Strom des dynamischen Erfolgs und freue mich auf das Ergebnis.

Ich tue mein Bestes, damit sich positive Ergebnisse einstellen können.

Erfolgsbewusstsein ist eine zielsichere und wohlwollende Energie, ein Gefühl von Überzeugung und Bestimmung. Ich tauche in dieses Gefühl voll und ganz ein und gebe mich dieser Ausrichtung hin.

In meine Meditation schließe ich den Erfolg mit ein und all meine Wünsche und Ziele. Ich sehe das Ziel ganz klar vor mir, damit es sich verwirklicht.

Ich wünsche mir das Beste für mein Leben und überlasse es dem Leben, zu entscheiden, was das Beste für mich ist.

Ich vertraue dem Leben und gebe mich dem hin, ohne es beeinflussen zu wollen.

Ich erziele immer positivere Ergebnisse.

Was auch immer erfolgt, ist von Erfolg geführt. Deshalb nehme ich es dankbar an.

Ich bin Erfolg. Ich nehme mich dankbar an.

Erfolg findet nicht später oder irgendwann statt, sondern jetzt. Ich entdecke die Fülle des Augenblicks.

Ich setze mir zum Ziel, Erfolg nicht mehr aus den Augen zu lassen. Alles, was erfolgt, ist die Essenz meines Seins. Ich bin vollkommen.

Meine eigenen Glaubenssätze, Affirmationen und positiven Gedanken:

Lebensdynamik und Vitalität

Auf dem Weg in ein positives Leben bin ich bereit, ab sofort nur positive Gedanken, Worte und Handlungen zu säen.

Ich atme frische Lebensenergie ein und spüre eine Kraft, die meinen Körper erneuert. Dankbar nehme ich sie an.

Ich sprühe vor positiver Lebensdynamik und weise jegliche negative Haltung von mir.

Ich wandle negative Gedanken in positive um und bin davon überzeugt, dass mir das frische Energie und Aufschwung verleiht.

Da ich ab sofort meine Sichtweise erweitere, arbeiten auch meine Zellen und Nerven. Sie regenerieren sich, weil ich frische Lebenskraft tanke.

Wenn ich tief durchatme, fühle ich mich frei und frisch und nehme mein neues, gesundes Leben dankbar an.

Ich bin im seelischen Gleichgewicht und danke dem Leben dafür.

Das Leben bereitet mir Freude, weil ich Freude zulasse und allem, was mich belasten könnte, keine Aufmerksamkeit schenke.

Ich bin dankbar für die guten und für die schlechten Erfahrungen, weil ich mir bewusst bin, dass beides richtig ist.

Ich liebe mein Leben, und das Leben liebt mich.

Meine Zellen, Nerven und Organe sind in Bestform, und mein Körper erfreut sich bester Gesundheit.

Ich strahle Kraft und Ruhe aus, weil mein ganzes Dasein, mein Denken und Handeln auf Vitalität und Lebensdynamik konzentriert sind.

Alle meine täglichen Handlungen erfordern absolute Aufmerksamkeit. Ich tue alles mit Freude und bin mir bewusst, dass es ein Geschenk ist, dass mein Körper das erledigen kann.

Tägliche Zuwendung braucht es nicht nur mental, sondern auch physisch. Ich hege und pflege meinen Körper und tue ihm Gutes. So ist er gewappnet für den Tag.

Positive und strahlende Vitalität erfüllt mich und sorgt für Wohlergehen in allen Bereichen.

Meine neue Spannkraft und Dynamik vermitteln mir ein Gefühl von Neubeginn. Ich fühle mich wie neugeboren und erfreue mich am Leben.

Das Leben ist wunderbar. Das erkenne ich in jedem Moment und lasse mich von nichts mehr aus der Ruhe bringen. Ich ruhe in mir.

Meine eigenen Glaubenssätze, Affirmationen und positiven Gedanken:

Selbstvertrauen und Selbstwertgefühl

Ich glaube an mich selbst und schaue dem, was kommt, voller Zuversicht entgegen.

Ab sofort vertraue ich all meinen Fähigkeiten und Begabungen.

Weil ich an mich glaube, gewinne ich an Kraft und Stärke, die mich durch das Leben tragen.

Alle Talente, die in mir schlummern, dürfen jetzt aus ihrem Tiefschlaf erwachen. Ich traue mir alles zu.

Ich erkenne in jeder Lebensaufgabe den richtigen Sinn, bin glaubensstark und voller Lebensfreude.

Ich vertraue meiner inneren Kraft und lasse mich von meiner inneren Führung leiten.

Je mehr ich meine inneren Kräfte entfalte, desto vollkommener werde ich und kann mich voll auf mich verlassen.

Ich bin stark.

Der wahre Wert meiner Lebensaufgabe liegt darin, sie zu erfüllen und zu erkennen, was sie mir sagen will. Ich bin in der Lage, dies zu erkennen und die notwendigen Schritte zu tun.

Ich bin wertvoll.

Ich gewinne starkes Selbstvertrauen, das mir in jeder Lebenssituation Ruhe und Gelassenheit schenkt.

Ich säe jeden Tag glaubensstarke Worte und Handlungen. Meine Glaubenskraft ist durchflutet von einem starken weißen Licht, in dem ich mich beschützt und geborgen fühle.

Ich stärke mein Selbstwertgefühl durch die praktische Anwendung der Lebensgesetze und durch glaubensstarke Worte.

Mein Geist ist erfüllt von kreativen und glaubensstarken Ideen des Mutes und des Selbstvertrauens.

Ich weiß, dass ich mir vertrauen kann, weil mich das Leben führt und für mich Sorge trägt.

Absolut nichts kann mich schwächen, weil ich in Gott zu Hause bin.

Meine eigenen Glaubenssätze, Affirmationen und positiven Gedanken:

Glück, Zufriedenheit und Lebensfreude

Ich beschließe, ab jetzt ein glückliches und harmonisches Leben zu führen. Ich entscheide mich jeden Tag aufs Neue für Lebensfreude und Glück.

Mein wahres Glück kommt aus meinem Inneren. Ich strahle es in die ganze Welt hinaus.

Ich weiß, dass ich in allen meinen Lebenssituationen geführt und beschützt bin und deshalb genieße ich dieses harmonische Dasein.

Mein wahres Glück entspringt nicht meinen Vorstellungen, sondern auch meinem Herzen. Herzensdenken schenkt mir Kraft und Zufriedenheit.

Glückliche und harmonische Gedanken begleiten mich durch das Leben. Weil sie überwiegen, fällt es mir leicht, die besten Ergebnisse zu erzielen.

Ich weiß, dass ein glückliches Leben das Resultat eines befreiten und glücklichen Denkens ist, das mir als bester Freund zur Seite steht.

Das Glück hat mich nie verlassen, weil es in mir wohnt.

Ich erstelle täglich eine Erinnerungsliste mit glücksbringenden Gedanken und richte mich voll und ganz danach aus.

Ich freue mich auf jede neue Aufgabe. Weil ich immer das Beste daraus mache, wird das Ergebnis ein glücksbringender Tag sein.

Ich bin davon überzeugt, dass ich für alle Lebensaufgaben die beste Lösung finden werde, die nicht nur mir, sondern allen Menschen dient.

Ich bin von ganzem Herzen dankbar für mein von Glück erfülltes Leben.

Ein harmonisches und schönes Glücksgefühl erfüllt mein ganzes Wesen.

Mein Lebensglück fließt und fließt und fließt. Ich genieße es in vollen Zügen.

Glücklich zu sein, ist kein Zufall, sondern ein Geburtsrecht. Ich nehme es an.

Ich erlaube mir Zufriedenheit und Freude.

Ich tue das, was mich glücklich macht, und freue mich aufs Leben.

Das wahre Glück ist in mir begründet. Ich tauche tief in mich ein und lasse mich dort nieder.

Meine eigenen Glaubenssätze, Affirmationen und positiven Gedanken:

Harmonie und Gleichgewicht

Durch Liebe und Harmonie finde ich mein seelisches Gleichgewicht wieder. Ich wende mich der Liebe zu.

Ich erkenne den wahren Wert einer Lebenssituation und meistere alle Aufgaben verantwortungsvoll und voller Elan.

Ich genieße die Harmonie und den tiefen Frieden in mir. Mein ganzes Denken und Handeln sind erfüllt von harmonischen Schwingungen.

Indem ich meine Gedanken und Emotionen zügle, stellt sich ein harmonisches Gleichgewicht ein.

Ich lasse ab jetzt nur noch positive Gedanken zu. Ich fühle mich geborgen in ihrer Kraft.

Ab jetzt verlagere ich mein Denken in mein Herz und sehe in mir und in jedem Menschen das Wahre, Schöne und Gute.

Weil meine innere Kraft unerschöpflich ist, meistere ich alles mit Bravour und erhalte positive und ermutigende Resultate.

Ich genieße die harmonische Ruhe und den tiefen Frieden, da sie der natürliche Zustand meines Lebensflusses sind.

Ich lasse den Fluss des reinen schöpferischen Denkens in mein Leben fließen und freue mich über die bevorstehende Verwirklichung.

Ich erkenne, dass alle wahren und harmonischen Kräfte aus der einen Quelle fließen, und die eine Quelle bin ich.

Ein bewusstes Dasein ist notwendig, damit sich Gleichgewicht einstellt und zu meinem ständigen Begleiter wird. Ich bin jetzt und hier bewusst da.

Das größte und wirksamste Heilmittel für ein harmonisches seelisches Gleichgewicht liegt in meinem Inneren verborgen. Ich entdecke es.

Die innere Balance ist mein bester Freund. Deshalb verbringe ich viel Zeit mit ihm und erfreue mich an seiner Anwesenheit.

Ich bin erfüllt von einer neu gewonnenen Harmonie, die mein ganzes Leben ausleuchtet und neu gestaltet.

Es gibt keinen besseren Zeitpunkt, als sich jetzt in die Mitte zu rücken. Ich entscheide mich für Gleichklang und Harmonie.

Dankbar nehme ich das Geschenk des Lebens an, dass es mich immer wieder zurechtrückt und dazu leitet, in die Mitte zu finden. Die Mitte ist der Platz, an dem ich jetzt verweile.

Ich bewege mich jeden Tag, denn in der Natur kann ich meine Gedanken loslassen und dadurch Gleichklang erzeugen. Ich bin.

Meine eigenen Glaubenssätze, Affirmationen und positiven Gedanken:

9. Die Kraft des Gebets

Neben der Meditation ist das Gebet eine hilfreiche Stärkung des Glaubens, das uns gleichzeitig in unseren Zielen, Wünschen und Vorhaben unterstützt. Auch das Gebet für uns richtet sich nach innen.

Viele Menschen sprechen mehrmals am Tag Gebete, manche gar nicht. Es empfiehlt sich, vor oder nach der Meditation ein kurzes Gebet zu sprechen. Es geht nicht darum, um etwas zu bitten, sondern sich mit sich selbst zu vereinen.

Man muss nicht gläubig sein, um sich an Bibelzitaten zu orientieren oder sich an Gott zu wenden. Doch wir sollten immer in der Überzeugung leben, dass die Jesus-Kraft in uns lebt und durch uns wirkt. Wenn du also ein Problem mit Religionen hast oder dir der Glaube fehlt, denk stets daran, dass die Liebe sich nicht in Büchern oder Kirchen versteckt, sondern in allem anwesend ist. Wohin also sollen wir uns wenden? Es heißt, dass jedem, der an die Tür klopft, aufgetan wird. Diese Tür geht nach innen auf – zum Herzen bzw. zur Seele.

Unser Verhalten und unser Glaube öffnen Türen, deshalb sollten wir überprüfen, wie wir uns verhalten. Wie begegnen wir der Welt? Wie unseren Mitmenschen? Wie uns selbst?

Auch sollten wir nicht immer für andere bitten, sondern in erster Linie für uns selbst. Dies ist keineswegs egoistisch, denn erst wenn es uns gut geht, können auch andere genesen. Das liegt daran, dass wir eigentlich gar nicht getrennt voneinander existieren, sondern auf unsichtbarer Ebene alle aus ein und demselben Stoff bestehen: Nenn es Liebe, Gott, Universum oder wie du dazu sagen möchtest. Ganz gleich, welches Wort du verwendest – spüre, dass da etwas ist, das dich am Leben erhält. Etwas atmet dich, oder glaubst du, dass du das selbst bestimmen kannst?

Viele Menschen beten immer nur dann, wenn sie etwas brauchen – wenn es ihnen schlecht geht oder etwas nicht so funktioniert, wie sie es gerne hätten. Findest du das gerecht? Empfangen ist kein Geschäft, und du musst auch nichts dafür geben, dass dir Gutes widerfährt. Du musst einfach nur dich selbst hingeben, indem du mit offenem Herzen lebst und der Welt mit Ehrfurcht begegnest. Wer bereit ist, sein letztes Hemd zu geben, und auch gibt, wo es nicht gesehen wird, hat einiges verstanden. Viele Menschen spenden Geld, doch muss man dafür in der Zeitung erwähnt oder gelobt werden? Bestimmt nicht. Wer dort hilft, wo es niemand sieht, dem steht die Tür offen.

Bitten ist das Auslösen einer schöpferischen geistigen Kraft. Sie bewirkt, dass etwas in Erscheinung tritt, das uns entspricht und das wir verursacht haben. Diese schöpferische Kraft in uns ist unser geistiges Erbe. Das meiste, was in unser Leben tritt, wurde unbewusst verursacht. Aber wir können auch bewusst Ursachen setzen. Dafür gibt es viele Möglichkeiten, wie zum Beispiel

Imaginationen, Suggestionen, Affirmationen oder auch das Gebet. Wahres Bitten ist kein Wollen, sondern die Gewissheit und das feste Vertrauen, das Erwünschte in Empfang zu nehmen.

Hierbei spielt der Glaube eine große Rolle. Damit meine ich eine tiefe innere Überzeugung, dass das Erbetene auf dich zukommen wird; die Gewissheit, dass es eintreffen wird, weil es auf geistiger Ebene bereits vorhanden ist, und nicht, weil du es so möchtest. Nun brauchst du es nur noch dankbar zu empfangen.

Beispiel: Ein Lebenspartner fällt nicht einfach so vom Himmel. Es gibt Menschen, die ständig auf der Suche sind und unbedingt jemanden an ihrer Seite haben möchten, der ihnen guttut. Doch was tun sie Gutes für andere? Meist ziehen sie genau das Gegenteil an und wundern sich darüber. Sie bekommen genau das, was ihnen entspricht – einen Menschen, der ihnen das gibt, was auch sie geben oder nicht zu geben bereit sind. Es heißt nicht umsonst, dass das Leben und der Partner unsere Spiegelbilder sind.

Es gibt Menschen, die wissen einfach, dass sie jemanden kennenlernen werden. Ob sie es sich wünschen oder nicht wünschen, spielt keine so große Rolle. Ihr Gefühl sagt ihnen, wenn es so weit ist. Sie vertrauen ihrem Gefühl und dem Leben. Dieses Gefühl kann man nicht bestellen, man hat es oder man hat es nicht. Aber man kann es schulen, denn jeder Mensch ist intuitiv. Man muss es nur wollen, und vor allem muss man sich damit beschäftigen.

Wenn ich weiß, dass etwas in Erfüllung geht, kann es gar nicht nicht eintreffen, weil das Gefühl ja ein Vorbote der Erfüllung ist. Glaube ist Überzeugung, und Überzeugung ist der Kanal, durch den die Erfüllung fließt. Wahrer Glaube gründet in der Gewissheit, dass wir immer und ohne Ausnahme eine Antwort erhalten, wenn wir die schöpferische Urkraft Gottes in uns anrufen. Vielleicht wartest du darauf, dass Gott zu dir spricht, so wie es Neal Donald Walsch widerfahren ist. In der Verfilmung von »Gespräche mit Gott« hat man eine Stimme gehört, doch diese Stimme hat Neal nicht mit seinen Ohren, sondern in sich vernommen. Dieses Hören ist dem Fühlen gleich. Vertrau auf dein Gefühl, hör hin, denn es kommuniziert ständig mit dir.

Jesus machte keine Einschränkung, als er sagte: »Darum sage ich euch: Alles, was Ihr bittet in eurem Gebet, glaubet nur, dass Ihrs empfangen werdet, so wird euch gegeben.« Er sagte nicht: »Bittet nur um Weisheit, wenn ihr Hunger habt.« Er sagte ganz klar – alles – und die einzige Ermahnung war: zu glauben. »Glaubet, dass Ihr es empfangen werdet, so wird euch gegeben, denn ein Jeglicher, der bittet, wird empfangen.« Jemand hat einmal sehr schön gesagt: Wir können nur so hoch kommen, wie wir hoffen können. Wir können so weit kommen, wie wir glauben können. Wir können nur so tief fallen, wie wir befürchten.

Unsere Gebete aber sind häufig halbherzig, weil wir nicht wirklich glauben, dass sie erfüllt werden. Wenn Jesus gebeten wurde: »Herr, heile mich«, dann hat er stets zuerst gefragt: »Glaubst du?« Das bedeutet: Hast du das Bild, die Vorstellung des Heilseins in dir?

Jesus kannte die geistigen Gesetze und hat sie erfüllt. Wir können nur erhalten, was wir in uns verwirklicht haben. Erst dann kann die Kraft es als äußere Umstände manifestieren.

Wahrer Glaube ist das Vertrauen auf die Macht und Weisheit der Christus-Kraft – und zwar unabhängig von äußeren Umständen und Situationen. Umgekehrt ist Bitten auch nicht das Überwinden des göttlichen Willens, sondern das bewusste Einswerden mit dem Schöpfungswillen.

Hat der Bittende durch sein Suchen den Schöpfungswillen erkannt und bejaht, so ist die Erfüllung des Gebetes in dem Augenblick vollzogen, in dem es gedacht ist. Jedes Gebet wird erfüllt, wenn wir zuvor durch unser Suchen und Klopfen unsere Empfangsberechtigung bewiesen haben. Sobald der Bittende das Vorstellungsbild des erwünschten Endzustands geschaffen und ihm bis ins Detail genügend Festigkeit gegeben hat, sollte er sein Werk dem ewigen Schöpfungswillen übergeben, seinen Willen in den Schöpfungswillen einfließen lassen und darum bitten, dass das Richtige geschehen möge. Nur so kann er sicher sein, dass nicht sein Wille gegen den Willen der Schöpfung steht.

(Auszug aus meinem Buch »Wirksam beten: Göttliche Energie erbitten und empfangen«; dort kannst du mehr darüber lesen, wenn du dich von diesem Text angesprochen fühlst.)

Wir dürfen jederzeit um etwas bitten. Auch wenn das Ergebnis nicht mit der Bitte übereinstimmt – etwas geschieht immer. Manche Menschen trauen sich nicht, zu bitten, weil sie glauben, dass sie Gott nicht mit ihren Problemen behelligen dürften. Wenn aber etwas für dich wichtig ist, warum sollte es für Gott nicht auch wichtig sein?

Wer betet, lässt sein Denken, Handeln und Fühlen beiseite. So wird er zum reinen Kanal für die Erfüllung; er betet aus sich heraus und in sich hinein. Er betet nicht zu jemandem, denn diese eine Kraft ist ja nicht außerhalb von uns. Es ist ja nicht so, dass wir jemanden um etwas bitten, sondern unsere eigene All-Kraft anrufen. Wer so zu sich betet, ist fern von der Überzeugung, dass er »erhört« wird, weil seine Form des Betens bereits das Empfangen ist. Es geschieht bereits, während er bittet.

Wenn ich ein Gebet spreche oder denke, ist es immer ein Ausdruck der Harmonie zwischen dem höchsten Willen und dem meinen. Der höchste Wille hat das Sagen, aber ich kann den höchsten Willen mit meinem Willen folgen. Was auch immer ich gedacht oder gesagt habe, steht im Einklang mit den geistigen Gesetzen. So erwarte ich keine Ernte, bevor ich gesät habe, denn die Saat bin ich. Ich erkenne das Gesetz, habe es verstanden und wende es richtig an.

Zusammengefasst heißt das, dass der Glaube für absolute innere Gewissheit der Erfüllung steht. Die Überzeugung, dass die Erfüllung bereits stattgefunden hat, wird von einem starken Glücksgefühl begleitet. Die Gewissheit, dass sich der jeweilige Bereich manifestiert und sichtbar wird, ist Teil meines Fühlens. Der Glaube kann nie gegen uns arbeiten, sondern immer nur für uns. Wenn jemand glaubt, dass der Glaube gegen ihn arbeitet, dann glaubt er das Falsche. Wenn jemand denkt, dass Geld nicht notwendig, nicht wichtig oder gar schlecht ist, wie soll es dann in sein Leben treten?

Es ist der Glaube, der Tatsachen schafft. Deshalb ist er wichtigster Teil des Gebetes. Er ist die Erkenntnis, dass sich immer das vollendet, wovon man überzeugt ist, wenngleich die Erfüllung nicht immer unserer Vorstellung entspricht. Letztendlich wird die Kraft des Glaubens alle Hindernisse beseitigen und verwirklichen, was ich im Innersten beharrlich gläubig bejahe.

Schließ dich nicht in dein Kämmerlein ein, wenn du Erfüllung möchtest. Reich dem Schicksal die Hand, denn Schicksal entspricht immer deiner Überzeugung und Haltung, deinen Gedanken und Gefühlen. Reich ihm am besten beide Hände, dann wirst du mit Sicherheit gut aufgehoben sein.

Mein persönliches Dankgebet

Geliebte Allmacht, ich danke dir, dass ich dir so wesentlich bin, dass du mich geschaffen hast und durch mich wirkst. Danke, dass ich erkennen darf, dass wir uns nicht voneinander unterscheiden. Auch danke ich dir, dass du alles zum Wahren, Schönen und Guten lenkst, auch wenn ich es manchmal nicht gleich erkennen kann. Danke für deine gute Geduld und deine Stärke.

Zeig mir, was durch mich geschehen soll, denn ich bin bereit, deinen Willen voll und ganz zu erfüllen.

Als individualisierter Teil des allumfassenden Bewusstseins erkenne ich mich jetzt als großes Ganzes, das du bist. Ich bitte dich, mich daran zu erinnern, wenn ich mich von mir selbst entferne.

Du hast die Vollkommenheit als geistiges Erbe in mich hineingelegt und mir mit auf den Weg gegeben. Dankbar trete ich jetzt mein geistiges Erbe an, indem ich alles loslasse, was mich von dir trennt. Ich bin eins mit dir für alle Ewigkeit.

Danke.

10. Worte an einen geliebten Menschen

Was ich dir schon immer sagen wollte

Liebe ist …

… den anderen von ganzem Herzen das Beste zu wünschen und zu geben. Deshalb wünsche und will ich stets das Beste für dich, für dich als Mensch, für dich als individuellen Aspekt des Einen und für dich als dein wahres Selbst. Ich bejahe das, was du tust, denkst und fühlst und akzeptiere dich stets so, wie du bist.

Ich spüre hin, wenn du mich brauchst, und finde die Form, die dir am hilfreichsten ist. Nun erkenne ich in jedem Augenblick dein Selbst und helfe dir liebevoll, zu dir selbst zu erwachen, so wie du es tust. Ich bleibe stets in der Liebe zu dir und hülle dich ein in Wohlgefallen und Licht. Nichts und niemand kann mich daran hindern. Ich weiß, dass unsere Liebe wahrhaftig ist, dass sie immer war und immer sein wird, dass sie die Kraft des Höchsten ist. So lebe ich in der Wirklichkeit der einen Liebe, die auch unsere ist.

Ich nehme die Aufgabe unserer Partnerschaft dankbar an und gebe mein Bestes, damit in jedem Augenblick das Beste geschieht. Somit bejahe ich alles, was ist und noch kommen wird, und freue mich darauf. Ich lebe in der Gewissheit: Alles ist gut! Ich weiß, dass alles, was notwendig ist, einen tieferen Sinn und eine tiefere Bedeutung hat. Ich bin mir bewusst, dass alles in die Liebe führt – und damit zu uns und zu dir selbst.

Ich lebe in dem Bewusstsein der Einheit, erkenne dich als mich selbst und als Ausdruck der einen Liebe. Ich bin mir bewusst, dass die wahre Liebe in allem ist, in jedem Menschen, in allen Tieren und in jeder Pflanze sowie in Gedanken und Gefühlen. So richte ich mein Bewusstsein auf das Höchste in allem aus.

Ich weiß, dass wir alle viele Aufgaben zu lösen haben und auch lösen können, weil sie aus der Liebe hervorgehen. So gebe ich ihr und uns in jedem Augenblick die Chance, zentriert zu bleiben, in der Liebe und der Einheit. Aus tiefstem Herzen danke ich für all das, was geschieht, und erkenne mich in dir. Ich freue mich über das Glück, gleich, wie und wo es geschieht, und gestatte uns, eins mit der Liebe und mit mir zu sein. Ich bin in dir, und du bist in mir, wir sind eins, eins mit der Liebe.

Wir leben im Einklang mit dem Leben, der Harmonie mit uns selbst und tun das Rechte im richtigen Augenblick. Wir fühlen uns wohl und wirken aus der Stille heraus. Wir folgen unserer inneren Stimme und hören auf unsere Herzen. Auch im Nächsten erkennen wir uns selbst als Liebe und verwirklichen die Liebe, den höchsten Willen.

Wir sind offen und bereit, ein Werkzeug der Liebe zu sein, das mit Gelassenheit und Ruhe schaltet und waltet. Wir leben aus der Mitte unseres wahren Wesens, und jedes Wort sowie jede Tat sollen liebevoll und hilfreich sein. Wir erkennen, dass es keine Trennung gibt, weil wir alle auf dem Weg zu uns selbst und damit zurück zur Einheit sind. Wir sind eins!

Ich bin für dich da, wann immer du mich brauchst, und ich gebe dir das, was jetzt hilfreich ist. So wie ich dein Vorbild bin, bist auch du mein Vorbild. Wir schenken uns gegenseitig Vertrauen und Ruhe. In der Stille haben wir uns nichts zu sagen, dort verschmelzen du und ich zu einem Punkt. Dort sind wir der Wahrheit gleich und nicht mehr voneinander getrennt. Die Trennung existiert nur im Außen. In unserer Mitte ruhen wir gemeinsam als die Liebe selbst.

Wir halten nichts fest. Alles, was zu uns gehört, bleibt. Alles, was nicht mehr zu uns gehört, darf sich von uns lösen. Wir können nichts verlieren, und wir können auch uns nicht verlieren. Wir können getrost alles loslassen, denn das, was für uns bestimmt ist, wird bei uns sein.

Wir lösen unsere Aufgaben und fühlen uns deshalb frei von Bindungen und Verpflichtungen, denn die Liebe zeigt uns, was wir zu tun haben. Voller Pflichtbewusstsein führen wir unsere Tätigkeiten aus und geben uns jeder Aufgabe gleichermaßen hin, denn alles ist wichtig. Wir können nichts schaffen, sondern nur zulassen, dass wir das ausführen, was sich das Leben für uns ausgedacht hat.

Wir haben Verständnis füreinander und verstehen uns als Teil der einen Ordnung. Wir geben alles aus reinem Herzen, hegen keine Bedürfnisse, Wünsche oder Erwartungen. Wir wissen, dass dies nicht notwendig ist, weil wir ja bereits die Liebe haben. Wir genügen uns selbst und segnen all das, was uns das Leben schenkt. Wir segnen all unser Tun, gehen bewusst durch jede Erfahrung und sind dankbar für all das, was uns widerfährt. Alles hat seine Ordnung und seine Gerechtigkeit, deswegen können wir dem Leben getrost seinen Lauf lassen. Wir stehen uns gemeinsam zur Seite, sind aufrichtig und stark.

Wir helfen einander, wenn einer von uns Unterstützung braucht. Wir sind getragen von der Liebe und genießen die Stille, die wir miteinander teilen. Wir sind eins mit ihr und leben in Harmonie und Frieden. Diese Liebe erfahren wir in allem. Auch die Nahrung wird liebevoll zubereitet und vor dem Essen gesegnet. Diese friedvolle Stimmung überträgt sich in jede Speise, in jedes Getränk, in jede Tat, aber auch Gedanken und Gefühle sollen von ihr erfüllt sein.

Wir sind eingehüllt in die Liebe, mit der Erkenntnis, wer wir wirklich sind. Jeder lebt sein Leben als Ausdruck Gottes. Gott hat nichts mit Religionen zu tun, er ist die Liebe. Bezeichne die Liebe, wie du möchtest, ich weiß, dass sie jeden Menschen finden wird und jedem

Menschen innewohnt. Ohne Liebe existiert nichts, und ohne sie können wir nichts bewerkstelligen. Indem wir uns nach der Liebe ausrichten, sind wir geduldig und tolerant. Gemeinsam schaffen wir alles, und die Dankbarkeit wächst ins Unermessliche.

Ich bedanke mich für unser gemeinsames Leben und nutze die Zeit als Geschenk. Wir kommen uns entgegen, gehen aufeinander zu und grenzen uns nicht aus. Wir verletzen uns nicht und hören uns zu.

Wir finden für alles eine Lösung, weil jedes Problem bereits die Lösung in sich birgt. Das entdecken wir gemeinsam und können somit auch gemeinsam die richtigen Entscheidungen treffen.

Wir sind stets aufmerksam und eins in der Liebe des Bewusstseins, der ewigen Gegenwart. Wir sind allem wohlgesinnt, mit liebevollen Gesten.

Dankbar für unsere Existenz können wir stets gelassen bleiben und jedem Menschen unsere Liebe zeigen. Unsere Liebe ist ein Aufruf an alle, um den Nächsten mit offenem Herzen zu begegnen.

Wir freuen uns aneinander und füreinander und haben stets ein offenes Ohr. In deiner Gegenwart fühle ich mich aufgehoben und sehe dich mit den Augen der Liebe. Wenn sich unschöne Seiten an mir zeigen, hab bitte Geduld. Ich versuche, sie nicht auf dich abzuwälzen, sondern versuche, sie umgehend in mir zu lösen. Ich bin mir bewusst, dass wir alle gemeinsamen Unstimmigkeiten lösen können und dass diese nie mit dir zu tun haben, sondern die Ursache bei mir liegt. So erkennen wir gemeinsam die Wirklichkeit hinter dem Schein und stehen allem aufgeschlossen gegenüber.

Neues und auch Außergewöhnliches belastet uns nicht, es fordert uns nur heraus. Es fordert uns heraus, an unsere Grenzen zu gehen und zu entdecken, dass wir sie durchbrechen können. Ich will dem Leben dienen und auch dir, denn ich bin in dir, und die Liebe ist in uns. Ich höre jedes deiner Worte, und was auch immer du mir sagst, es belastet mich nicht. Ich beziehe das, was du mir sagst, nicht gleich auf mich, sondern weiß, dass es ein Ausdruck deiner selbst ist. Ich erlaube dir, dich auszudrücken, wie du möchtest, und erkenne in jeder Geste das Göttliche in dir.

Dunkelheit oder Licht, beides ist willkommen. Beides hat seine Berechtigung. Wir nehmen es an. Alles, was geschieht, hat seine Notwendigkeit, das haben wir erkannt und ergreifen die Chance, es zu betrachten. Wir erkennen die Botschaft und wissen, welcher Handlungen es bedarf und wie wir vorgehen müssen. Wir können nichts falsch machen, denn wir geben immer unser Bestes. Jeder Moment enthält eine Chance, die uns das Leben bietet.

Gib mir die Hand und geh mit mir den Weg der Liebe. Wir entdecken gemeinsam die Welt und erfreuen uns auch am gemeinsamen Gebet. In der Meditation tanken wir auf und sammeln Kraft.

Möge die ganze Welt friedvoll sein und sich der Liebe öffnen. Gesegnet seist du im Namen der Liebe, auf immer und ewig.

In diesem Sinne wünsche ich dir das Allerbeste und gutes Gelingen beim Meditieren.

Herzlichst

Kurt Tepperwein